魯迅百圖

朱正 著

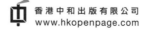
香港中和出版有限公司
www.hkopenpage.com

小 引

　　魯迅是中國現代文學開山者中的一人，是二十世紀中國文學史上的重要作家。他已經有多種傳記行世，這些傳記大多是用文字敍述他的生平事跡。現在也已經出版有多種有關魯迅的畫冊，卻很少文字說明，不容易從其中看出魯迅的一生經歷來。現在這一冊是想以圖片為主，只加上必要的文字解說，反映出魯迅一生的重要經歷。這是一個試驗，這樣做好不好，就要請讀者諸君批評了。全書直接引用部分，保留原作文字與詞句。

　　很久以前，北京魯迅博物館王得後副館長為我複製了館藏的圖片；上海魯迅紀念館王錫榮館長幫我把館藏的圖片拷在 U 盤上，書中很多圖片都是從這裡選用的。出版社的朋友也在此書出版過程中給了我許多幫助。這些我都很感謝。

2018 年元旦，朱正於長沙

目　　錄

在紹興

◎ 魯迅標準像

一　魯迅出世

　　1881 年 9 月 25 日，魯迅出生在浙江省紹興府會稽縣（治今紹興市）東昌坊口新台門周家。他原名周樟壽，後改名周樹人，字豫山，後改豫才，「魯迅」是他 1918 年發表《狂人日記》時所用的筆名，也是他影響最為廣泛的筆名。

　　在他出生之前，中國發生過這樣一些事情：

　　1644 年清兵進入山海關，繼明朝之後建立了清朝。滿漢之間的民族矛盾成了清朝從始至終的一個難以緩解的矛盾。對於漢族知識分子，清朝一方面屢興文字獄來立威，使他們經常處於恐懼之中，不敢妄發議論；一方面開科取士，使順從者覺得有一條出路，少數幸運者可以通過這一途徑進入仕途。

　　1840 年中英鴉片戰爭失敗後，中國被動地成為參與世界事務的一個國家了。中國人漸漸地看到了跟外國的差異和差距。

　　1851 年到 1864 年發生了一場太平天國運動。就其持續時間之長和波及地區之廣來說，這應該算是中國歷史上規模最大的農民戰爭之一。天王洪秀全成功地給自己建造了窮奢極欲的人間天堂，但他從來不曾想到以一種適應時代潮流的新體制取代舊體制。可是這場起義給了清王朝致命的打擊，使之不得不依靠漢族權貴的力量支撐以後的局面。

　　1857 年英法聯軍攻佔廣州。1860 年攻入北京，焚毀圓明園。咸豐皇帝逃到熱河，並且死在那裡。

　　作為受到外國欺侮之後的反應，到 19 世紀 60 年代，一些地方辦起了機器製造局、船廠之類的近代工業，派出了最早的一批留學生。不少人已經感到中國必須有所變革了。

　　魯迅出生的時候，中國就是這樣一個局面。

　　魯迅的這張相片是 1933 年 5 月 1 日照的。

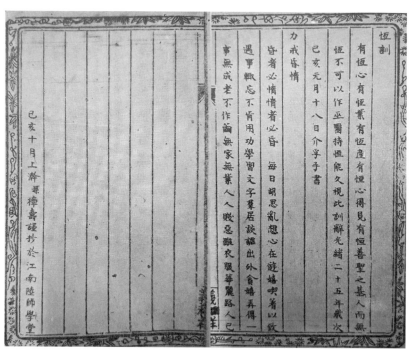

恆訓

有恆心有恆業有恆產有恆心得見有恆善聖之基人而無

恆不可以作巫醫持恆能久視此訓辭光緒二十五年歲次

己亥元月十八日介孚手書

力戒昏惰

昏者必惰惰者必昏　每日胡思亂想心在遊嬉唉着以致

遇事輒忘不肯用功學習文字羣居談諢出外貪嬉弄傳一

事無成老不作論無家無業人人賤惡衣服華麗路人已

己亥十月上辭槳樟壽硯抄於江南陸師學堂

◎ 魯迅手抄《恆訓》之一

4

二　魯迅的祖父

魯迅的祖父周福清（1838—1904），原名致福，字震生，號介孚。1867 年應浙江鄉試，中試為舉人。1871 年會試，中試為進士，欽點翰林院庶吉士，學習三年，1874 年散館（即畢業），外放知縣。他做過正七品的朝廷命官，他們家是個有一定社會地位的仕宦之家。

可是他在 1893 年朝廷舉行恩科鄉試時，為幾個親友向主考官行賄，被舉發，遭逮捕下獄。周作人在《魯迅的青年時代》裡回憶說：

> 因為這是一個「欽案」，哄（轟）動了一時，衙門方面的騷擾由於知縣俞鳳岡的持重，不算利害，但是人情勢利，親戚本家的嘴臉都顯現出來了。大人們怕小孩子在這紛亂的環境不合適，乃打發往外婆家去避難，這本來是在安橋頭村，外公晴軒公中舉人後移住皇甫莊，租住范氏房屋，這時便往皇甫莊去了。魯迅被寄在大舅父怡堂處，我在小舅父寄湘那邊……我因為年紀不夠，不曾感覺着甚麼，魯迅則不免很受到些激刺。

這是他們家的一個極大的變故。在為俄譯本《阿 Q 正傳》寫的《著者自敍傳略》中，魯迅說：

> 聽人說，在我幼小時候，家裡還有四五十畝水田，並不很愁生計。但到我十三歲時，我家忽而遭了一場很大的變故，幾乎甚麼也沒有了；我寄住在一個親戚家，有時還被稱為乞食者。

周福清在獄中作了家訓《恆訓》一冊，魯迅手抄了一份，並署上「己亥十月上浣孫樟壽謹鈔於江南陸師學堂」。左邊的圖片是魯迅手抄祖父所作家訓《恆訓》之一。

◎ 祖父和兩位祖母的畫像

三　魯迅的兩位祖母

　　這是魯迅祖父和兩位祖母的畫像。左邊孫老太太是魯迅父親的生母，很早就去世了。右邊是繼祖母蔣老太太。

　　蔣老太太是一位很慈祥的老人。魯迅小時候就在她的照看之下。後來魯迅回憶起她來，説：

　　　　只是我在童年，總覺得它有點妖氣，沒有甚麼好感。那是一個我的幼時的夏夜，我躺在一株大桂樹下的小板桌上乘涼，祖母搖着芭蕉扇坐在桌旁，給我猜謎，講故事。忽然，桂樹上沙沙地有趾爪的爬搔聲，一對閃閃的眼睛在暗中隨聲而下，使我吃驚，也將祖母講着的話打斷，另講貓的故事了——

　　　　「你知道麼？貓是老虎的先生。」她說。「小孩子怎麼會知道呢，貓是老虎的師父。老虎本來是甚麼也不會的，就投到貓的門下來。貓就教給它撲的方法，捉的方法，吃的方法，像自己的捉老鼠一樣。這些教完了，老虎想，本領都學到了，誰也比不過它了，只有老師的貓還比自己強，要是殺掉貓，自己便是最強的腳色了。它打定主意，就上前去撲貓。貓是早知道它的來意的，一跳，便上了樹，老虎卻只能眼睜睜地在樹下蹲着。它還沒有將一切本領傳授完，還沒有教給它上樹。」

◎ 魯迅父親的畫像

四　魯迅的父親

父親周鳳儀（1861—1896），後改名用吉，字伯宜。也是個讀書人。中過秀才之後，應過幾回鄉試，都沒有中試，後來更因為魯迅祖父的案件連累扣考斥革，已經斷然沒有進入仕途的希望了。可是他仍然懷着憂國之心。周作人回憶說：

> 又一回記得他在大廳明堂裡同兩三個本家站着，面有憂色的在談國事，那大概是甲午秋冬之交，左寶貴戰死之後吧。他又說過，現在有四個兒子，將來可以派一個往西洋去，一個往東洋去做學問，這話由魯老太太傳說下來，當然是可靠的，那時讀書人只知道重科名，變法的空氣還一點沒有，他的這種意見總是很難得的了。

大約是 1894 年的初冬，魯迅父親患了水腫病，魯迅在《〈吶喊〉自序》裡回憶說：

> 我有四年多，曾經常常——幾乎是每天，出入於質鋪和藥店裡，年紀可是忘卻了，總之是藥店的櫃台正和我一樣高，質鋪的是比我高一倍，我從一倍高的櫃台外送上衣服或首飾去，在侮蔑裡接了錢，再到一樣高的櫃上給我久病的父親去買藥。回家之後，又須忙別的事了，因為開方的醫生是最有名的，以此所用的藥引也奇特：冬天的蘆根，經霜三年的甘蔗，蟋蟀要原對的，結子的平地木……多不是容易辦到的東西。然而我的父親終於日重一日的亡故了。

◎ 魯迅母親晚年照片

五　魯迅的母親

　　母親魯瑞（1857—1943），會稽東北鄉安橋頭人。那是一個離海邊不遠的很偏僻的小村莊。她也是讀書人家的女兒，父親魯希曾（號晴軒）中過舉人，做過戶部主事。魯迅三歲那年，外祖父就去世了。魯迅在《著者自敍傳略》裡說，他的「母親姓魯，鄉下人，她以自修得到能夠看書的學力」。

　　在魯迅之後，母親又生了三個弟弟和一個妹妹。四弟椿壽（1893—1898），六歲就夭折了。妹妹端姑（1888），還不滿週歲就染上天花夭亡。和魯迅一同成長起來的是二弟櫆壽（即作人，1885—1967）和三弟松壽（即建人，1888—1984）。他們三兄弟，在父母的照管之下，在這個安靜的小康人家裡，度過快樂的童年。

　　小時候，魯迅也常常跟隨母親到鄉下外婆家去。這在他看來，也是一件很高興的事情。後來他寫了一篇小說《社戲》，可以說是一手的記錄，只是把外婆家的地名安橋頭寫作「平橋村」了。

◎ 三味書屋

六　魯迅入學了

　　魯迅十二歲那年，家裡送他進三味書屋去上學了。這是全城中所謂的最嚴厲的書塾，塾師壽懷鑒（號鏡吾），是一個高而瘦的老人，鬚髮都花白了，還戴着大眼鏡。魯迅對他很恭敬，因為魯迅早聽到，他是本城中極方正、質樸、博學的人。在《從百草園到三味書屋》一文中魯迅回憶了他去上學的情形：

　　　　不知從哪裡聽來的，東方朔也很淵博，他認識一種蟲，名曰「怪哉」，冤氣所化，用酒一澆，就消釋了。我很想詳細地知道這故事，但阿長是不知道的，因為她畢竟不淵博。現在得到機會了，可以問先生。

　　　　「先生，『怪哉』這蟲，是怎麼一回事？……」我上了生書，將要退下來的時候，趕忙問。

　　　　「不知道！」他似乎很不高興，臉上還有怒色了。

　　　　我才知道做學生是不應該問這些事的，只要讀書，因為他是淵博的宿儒，決不至於不知道，所謂不知道者，乃是不願意說。年紀比我大的人，往往如此，我遇見過好幾回了。

　　　　我就只讀書，正午習字，晚上對課。先生最初這幾天對我很嚴厲，後來卻好起來了，不過給我讀的書漸漸加多，對課也漸漸地加上字去，從三言到五言，終於到七言。

到南京

◎ 江南水師學堂

七　進了江南水師學堂

1898 年 4 月魯迅獨自離開了故鄉，到南京進了江南水師學堂。這是因為遠房叔祖父周慶蕃（字椒生）在江南水師學堂教漢文，兼任管輪堂監督，讓他去的。

在《著者自敍傳略》中說：

> 我十三歲時，我家忽而遭了一場很大的變故，幾乎甚麼也沒有了；我寄住在一個親戚家，有時還被稱為乞食者。我於是決心回家，而我的父親又生了重病，約有三年多，死去了。我漸至於連極少的學費也無法可想；我的母親便給我籌辦了一點旅費，教我去尋無需學費的學校去，因為我總不肯學做幕友或商人——這是我鄉衰落了的讀書人家子弟所常走的兩條路。

> 其時我是十八歲，便旅行到南京，考入水師學堂了，分在機關科。

入學的第一件事，是這位當監督的慶爺爺給他改了個名字，叫周樹人。

魯迅到南京求學這一年又正是「戊戌變法」的一年。魯迅很熱心閱讀宣傳維新的出版物，談論關於維新的話題，周慶蕃可是個反對維新變法的人，很不滿意他這樣。變法失敗，周慶蕃把當時《申報》上刊登的一道攻擊康有為的奏摺拿給魯迅看，說：「你這孩子有點不對了，拿這篇文章去看去，抄下來去看去。」

◎ 礦務鐵路學堂

八　進了礦務鐵路學堂

　　1898 年 9 月，兩江總督劉坤一決定在江南陸師學堂內附設一礦路學堂（即礦務鐵路學堂），招考新生。魯迅即去投考。10 月 26 日放榜，魯迅被錄取了。他就轉到這一邊來就讀了。

　　魯迅入學第二年，學堂的總辦（校長）換成了俞明震（1860—1918），字恪士，是個維新派。魯迅回憶說：

　　　　但第二年的總辦是一個新黨，他坐在馬車上的時候大抵看着《時務報》，考漢文也自己出題目，和教員出的很不同。有一次是《華盛頓論》，漢文教員反而惴惴地來問我們道：「華盛頓是甚麼東西呀？……」

　　三十年之後，魯迅在《重三感舊》一文中記下了他對當年這些「新黨」留下的印象：

　　　　甲午戰敗，他們自以為覺悟了，於是要「維新」，便是三四十歲的中年人，也看《學算筆談》，看《化學鑒原》，還要學英文，學日文，硬着舌頭，怪聲怪氣的朗誦着，對人毫無愧色，那目的是要看「洋書」，看洋書的緣故是要給中國圖「富強」，現在的舊書攤上，還偶有「富強叢書」出現……

　　　　……

　　　　「老新黨」們的見識雖然淺陋，但是有一個目的：圖富強。所以他們堅決，切實；學洋話雖然怪聲怪氣，但是有一個目的：求富強之術。所以他們認真，熱心。待到排滿學說播佈開來，許多人就成為革命黨了，還是因為要給中國圖富強，而以為此事必自排滿始。

去日本

◎ 魯迅在弘文學院的畢業照

九　到日本弘文學院留學

1902 年 3 月 24 日（壬寅年二月十五日），魯迅從南京動身到日本去留學了。

魯迅到了東京，就進了弘文學院。弘文學院是 1902 年 1 月新辦起來的。入學的情形，魯迅回憶說：

> 這是有一天的事情。學監大久保先生集合起大家來，說：因為你們都是孔子之徒，今天到御茶之水的孔廟裡去行禮罷！我大吃了一驚。現在還記得那時心裡想，正因為絕望於孔夫子和他的之徒，所以到日本來的，然而又是拜廟？一時覺得很奇怪。而且發生這樣感覺的，我想決不止我一個人。

他出國留學，原是為了尋求新知識，尋求不同於孔子以至儒家學說的文化和思想啊。

日本距中國很近，來往方便。孫中山、章太炎、梁啟超等許多政治亡命客都曾流寓這裡，時有活動。魯迅在《因太炎先生而想起的二三事》一文中回憶說：「凡留學生一到日本，急於尋求的大抵是新知識，除學習日文，準備進專門的學校之外，就赴會館，跑書店，往集會，聽講演。」魯迅就參加過歡迎孫中山的一次集會，聽過孫的講演。他聽不懂孫中山的廣東話，不知在講演些甚麼，聽不懂也去，可以說是表明了他那時的政治態度和思想傾向。

◎ 許壽裳 1909 年在日本

一○ 「我以我血薦軒轅」

1902 年秋天，浙江省紹興人許壽裳（字季黻），也作為官費留學生來到弘文學院入學了，後來成了魯迅的終生好友。他在《亡友魯迅印象記》中這樣記述了他同魯迅最初的交往：

> 他在江南班，共有十餘人，也正在預備日語，比我早到半年……留學生初到，大抵留着辮子，把它散盤在囟門上，以便戴帽。……我不耐煩盤髮，和同班韓強士，兩人就在到東京的頭一天，把煩惱絲剪掉了。那時江南班還沒有一個人剪辮的。原因之一，或許是監督——官費生每省有監督一人，名為率領學生出國，其實在東（京）毫無事情，連言語也不通，習俗也不曉，真是官樣文章——不允許吧。可笑的是江南班監督姚某，因為和一位姓錢的女子有姦私，被鄒容等五個人闖入寓中，先批他的嘴巴，後用快剪刀截去他的辮子，掛在留學生會館裡示眾，我也興奮地跑去看過的。姚某便只得狼狽地偷偷地回國去了。魯迅剪辮是江南班中的第一個，大約還在姚某偷偷回國之先，這天，他剪去之後，來到我的自修室，臉上微微現着喜悅的表情。我說：「阿，璧壘一新！」他便用手摩一下自己的頭頂，相對一笑。此情此景，歷久如新。

魯迅照了一張相片，在送給許壽裳的那一張照片上題寫了這樣一首詩：

> 靈台無計逃神矢，風雨如磐暗故園。
> 寄意寒星荃不察，我以我血薦軒轅。

◎ 東京浙江同鄉會合影

一一　在東京的留學生生活

到了日本，魯迅很愛讀梁啟超辦的《新民叢報》和《新小說報》，周作人在《關於魯迅之二》中回憶說：「《清議報》與《新民叢報》的確都讀過，也很受影響，但是《新小說》的影響總是只有更大不會更小。」《新小說報》介紹了法國儒勒・凡爾納的科學幻想小說《十五小豪傑》(*Deux Ans de Vacances*)和《海底旅行》(*Vingt Mille Lieues sous les Mers*)，魯迅讀了很感興趣，於是自己也動手翻譯了他的《月界旅行》(*Autour de la Lune*)和《地底旅行》(*Voyage au Centre de la Terre*)。《月界旅行》以「中國教育普及社譯印」的名義，於 1903 年 10 月在東京進化社出版。

黃興（字克強）這時也在弘文學院留學。魯迅在《因太炎先生而想起的二三事》一文裡記下了對他的印象：「黃克強在東京作師範學生時，就始終沒有斷髮，也未嘗大叫革命，所略顯其楚人的反抗的蠻性者，惟因日本學監，誡學生不可赤膊，他卻偏光着上身，手挾洋磁臉盆，從浴室經過大院子，搖搖擺擺的走入自修室去而已。」

1903 年三四月間，弘文學院鬧了一次學潮。學生對於學院設施已經積累了不滿，屢次要求改革普通科課程，院方毫無反應。而這時學院發佈關於增收學生學習及醫藥衛生費用的新條例十二則，而且態度強硬，斷然拒絕學生提出的意見，學生也就宣佈罷課了。3 月 29 日開始，學生大舉離校，其中有張邦華、顧琅、伍崇學、魯迅和許壽裳等人。校長嘉納治五郎終於同意了學生提出的幾項要求。這樣才結束了這次學潮，離校學生於 4 月 16 日返校。

在這幾年裡，魯迅讀了許多文學書。許壽裳在《亡友魯迅印象記》中說：「魯迅在弘文學院時，已經購有不少的日本文書籍，藏在書桌抽屜內，如拜倫的詩，尼采的傳，希臘神話，羅馬神話，等等。」他從這裡開始走向了文學之路。

◎ 鄒容

一二　鄒容剪去留學生監督的辮子

　　魯迅在弘文學院入學不久，發生了鄒容等人剪去留學生監督姚某的辮子的事件。魯迅在 1903 年 4 月 2 日寫回的家信中，在報道學校發生學潮這件事之後，說：「監督姚某亦以私事被剪髮逃去。」可知這是當時引起留學界轟動的一件事。章士釗的《疏〈黃帝魂〉》一文中有這樣的記述：「姚昱一風塵下吏，偶轄一省海外學務（時充湖北留學生監督），無端攖留學生之逆鱗，由張繼抱腰，鄒容捧頭，陳獨秀揮剪，稍稍發抒割髮代首之恨。馴致釀成交涉大故，三人被遣回國。」後來，魯迅把這事寫到小說《頭髮的故事》中，小說中的 N 先生說：

　　　　我出去留學，便剪掉了辮子，這並沒有別的奧妙，只為他不太便當罷了。不料有幾位辮子盤在頭頂上的同學們便很厭惡我；監督也大怒，說要停了我的官費，送回中國去。

　　　　不幾天，這位監督卻自己被人剪去辮子逃走了。去剪的人們裡面，一個便是做《革命軍》的鄒容，這人也因此不能再留學，回到上海來，後來死在西牢裡。

　　這雖是一篇小說，寫到鄒容的幾句卻是寫實的。

◎ 陳儀、許壽裳、魯迅、邵文鎔四人合影

一三 魯迅和留學生中的朋友

到了日本,魯迅接觸到了許多中國留學生。他們給魯迅的印象是:

> 東京也無非是這樣。上野的櫻花爛熳的時節,望去確也像緋紅的輕雲,但花下也缺不了成群結隊的「清國留學生」的速成班,頭頂上盤着大辮子,頂得學生制帽的頂上高高聳起,形成一座富士山。也有解散辮子,盤得平的,除下帽來,油光可鑒,宛如小姑娘的髮髻一般,還要將脖子扭幾扭。實在標緻極了。

> 中國留學生會館的門房裡有幾本書買,有時還值得去一轉;倘在上午,裡面的幾間洋房裡倒也還可以坐坐的。但到傍晚,有一間的地板便常不免要咚咚咚地響得震天,兼以滿房煙塵鬥亂;問問精通時事的人,答道:「那是在學跳舞。」

不過,在留學生裡,他也有朋友。這張攝於 1904 年的照片,站着的兩人,左起為許壽裳、魯迅;坐着的兩人,右起為邵文鎔、陳儀。他們和魯迅終生保持友誼。陳儀字公俠,後來入軍界,做過浙江省主席、台灣省主席,1950 年在台灣被殺。

◎ 仙台醫學專門學校

一四 學醫去

1904 年魯迅在弘文學院畢業以後，就進了仙台醫學專門學校，就是現在日本的東北大學醫學部。他決定學醫的原因，《〈吶喊〉自序》中說了：「我的夢很美滿，預備卒業回來，救治像我父親似的被誤的病人的疾苦，戰爭時候便去當軍醫，一面又促進了國人對於維新的信仰。」

他大約是 9 月上旬到達仙台的，參加了 9 月 12 日的開學典禮。他在這所學校很受到優待。在《藤野先生》一文中他回憶說：

> 不但學校不收學費，幾個職員還為我的食宿操心。我先是住在監獄旁邊一個客店裡的，初冬已經頗冷，蚊子卻還多，後來用被蓋了全身，用衣服包了頭臉，只留兩個鼻孔出氣。在這呼吸不息的地方，蚊子竟無從插嘴，居然睡安穩了。飯食也不壞。但一位先生卻以為這客店也包辦囚人的飯食，我住在那裡不相宜，幾次三番，幾次三番地說。我雖然覺得客店兼辦囚人的飯食和我不相干，然而好意難卻，也只得別尋相宜的住處了。於是搬到別一家，離監獄也很遠，可惜每天總要喝難以下嚥的芋梗湯。

學校裡，教授解剖學的藤野嚴九郎先生是一位特別敬業的教師，十分關注魯迅這個中國留學生。每個星期，他都叫魯迅把聽課筆記送去給他檢查，給補上脫漏的地方，改正解剖圖的錯誤，甚至日語語法的錯誤也都一一訂正。他極希望這個中國留學生成為一個好的醫生，學成歸國，把新的醫學帶回去。他常常詢問魯迅學習中的困難，給他做個別的輔導。魯迅說：「在我所認為我師的之中，他是最使我感激，給我鼓勵的一個。」

◎ 仙台四個同班同學的合影

一五　在仙台醫學專門學校

　　魯迅在仙台醫學專門學校的同學，那些日本年輕人，有和他要好的，也有深懷民族優越感的，看不起身為中國人的魯迅。魯迅回憶過一件使他深受刺激的事，那是在一次考試之後：

　　　　有一天，本級的學生會幹事到我寓裡來了，要借我的講義看。我檢出來交給他們，卻只翻檢了一通，並沒有帶走。但他們一走，郵差就送到一封很厚的信，拆開看時，第一句是：

　　　　「你改悔罷！」

　　　　這是《新約》上的句子罷，但經托爾斯泰新近引用過的。其時正值日俄戰爭，托老先生便寫了一封給俄國和日本的皇帝的信，開首便是這一句。日本報紙上很斥責他的不遜，愛國青年也憤然，然而暗地裡卻早受了他的影響了。其次的話，大略是說上年解剖學試驗的題目，是藤野先生在講義上做了記號，我預先知道的，所以能有這樣的成績。末尾是匿名。

　　　　我這才回憶到前幾天的一件事。因為要開同級會，幹事便在黑板上寫廣告，末一句是「請全數到會勿漏為要」，而且在「漏」字旁邊加了一個圈。我當時雖然覺到圈得可笑，但是毫不介意，這回才悟出那字也在譏刺我了，猶言我得了教員漏泄出來的題目。

　　這使魯迅非常悲憤，使他更痛感到祖國國際地位的低落令人多麼難堪。他恨恨地說：「中國是弱國，所以中國人當然是低能兒，分數在六十分以上，便不是自己的能力了：也無怪他們疑惑。」

　　不過同學裡也有要好的。這張照片就是四個同班同學的合影。

◎ 新聞圖片

一六　一張時事幻燈片的刺激

　　魯迅在仙台醫學專門學校只有一年半的光景，1906 年 3 月他就退學了。他決心退學，是因為受到一張時事幻燈片的刺激。《〈吶喊〉自序》中說：

　　　　我已不知道教授微生物學的方法，現在又有了怎樣的進步了，總之那時是用了電影，來顯示微生物的形狀的，因此有時講義的一段落已完，而時間還沒有到，教師便映些風景或時事的畫片給學生看，以用去這多餘的光陰。其時正當日俄戰爭的時候，關於戰事的畫片自然也就比較的多了，我在這一個講堂中，便須常常隨喜我那同學們的拍手和喝采（彩）。有一回，我竟在畫片上忽然會見我久違的許多中國人了，一個綁在中間，許多站在左右，一樣是強壯的體格，而顯出麻木的神情。據解說，則綁着的是替俄國做了軍事上的偵探，正要被日軍砍下頭顱來示眾，而圍着的便是來賞鑒這示眾的盛舉的人們。

　　　　這一學年沒有完畢，我已經到了東京了，因為從那一回以後，我便覺得醫學並非一件緊要事，凡是愚弱的國民，即使體格如何健全，如何茁壯，也只能做毫無意義的示眾的材料和看客，病死多少是不必以為不幸的。所以我們的第一要着，是在改變他們的精神，而善於改變精神的是，我那時以為當然要推文藝，於是想提倡文藝運動了。

　　這裡說的那一張幻燈片已經找不到了。現在左邊這一張是當時日本報刊發表的新聞圖片，1905 年 3 月 20 日攝於開原城外。

◎ 藤野先生像及题字

一七　藤野先生

魯迅突然遇到這強烈的刺激，於是他向仙台醫學專門學校提出了退學的申請。1906 年 3 月 15 日學校同意魯迅退學。離開仙台之前，他向藤野先生辭行。他在《藤野先生》一文中回憶說：

> 到第二學年的終結，我便去尋藤野先生，告訴他我將不學醫學，並且離開這仙台。他的臉色彷彿有些悲哀，似乎想說話，但竟沒有說。

> 「我想去學生物學，先生教給我的學問，也還有用的。」其實我並沒有決意要學生物學，因為看得他有些淒然，便說了一個慰安他的謊話。

> 「為醫學而教的解剖學之類，怕於生物學也沒有甚麼大幫助。」他歎息說。

> 將走的前幾天，他叫我到他家裡去，交給我一張照相，後面寫着兩個字道：「惜別」，還說希望將我的也送他。

這張照片後來長期掛在北京魯迅工作室的牆上，書桌的對面。他說：「每當夜間疲倦，正想偷懶時，仰面在燈光中瞥見他黑瘦的面貌，似乎正要說出抑揚頓挫的話來，便使我忽又良心發現，而且增加勇氣了，於是點上一枝煙，再繼續寫些為『正人君子』之流所深惡痛疾的文字。」

◎ 1906 年 3 月魯迅與送別的同學合影

一八　告別學醫的夢

1906 年 3 月魯迅決心退學，還是有同學送別，合影留念。左起：魯迅、杉村宅郎、青木今朝雄、鈴木逸太、山崎喜三。

◎ 朱安中年像

一九　母親為魯迅娶了一個媳婦

　　1906 年夏天，魯迅回國了一趟，這是母親叫他回去結婚。新娘朱安（1878—1947），山陰（今併入紹興）人，比魯迅大三歲。這時，周家的家境是已經敗落下來了，魯老太太完全無法預料到她的家將會成為一個顯赫的家族，可是，眼前現實的家境，卻太令她沮喪了。她在選擇兒媳婦的時候實在不能夠有太多的挑剔。朱安的娘家願意結這門親事，是親上做親，門第應該說是相當的吧，也許比正在敗落下去的周家還要稍稍強一點，是閨女身材容貌、年齡命相這些方面有所欠缺才願意屈就的吧。可是等到魯迅突然面對這一位新娘，他大失所望了。在遵從母親的意願辦過婚事之後，魯迅就留下新婚的妻子，和去留學的弟弟作人一同去日本了。

　　許壽裳在《亡友魯迅印象記》中也談到過這婚事：「朱夫人是舊式的女子，結婚係出於太夫人的主張，因而『瑟琴異趣』。魯迅曾對我說過：『這是母親給我的一件禮物，我只能好好地供養它，愛情是我所不知道的。』」

　　後來魯迅到南京和北京教育部工作，都是單身前往的。1918年全家從紹興老家遷居北京，朱安才到北京來。他家住在北京八道灣時候的情形不清楚，至少 1924 年他們家遷居北京阜成門內西三條（即現在的北京魯迅博物館內的魯迅故居）時候，這兩夫妻是分居兩室的。1926 年魯迅離開北京，到廈門、廣州、上海，他們兩個更不在一起。朱安晚年和婆婆一起生活，魯迅寄錢來做生活費。

◎ 魯迅、蔣抑厄（右）、許壽裳三人合影

二〇　出版《域外小説集》

　　這時正好魯迅二弟作人在江南水師學堂畢業。周作人前一年冬天到北京通過了練兵處留學日本的考試，只是因為近視不能學習海軍，在學堂裡閒住了半年，這時改學土木工程。於是，1906年夏曆九月，兩兄弟就一同前往日本，到了東京，就到魯迅原先住的公寓伏見館住了下來。魯迅決定不再正式地進學校了，只是一心學習外國文，有一個時期曾往「獨逸語學協會」所設立的德文學校去聽講，可是平常多是自修，搜購德文的新舊書報，在公寓裡靠字典自己閱讀。他閱讀了許多匈牙利、芬蘭、波蘭、保加利亞、波希米亞（德文也稱捷克）、塞爾維亞、新希臘的作品，這些都是在殖民主義下掙扎着的民族，俄國雖是獨立強國，因為人民正在力爭自由，發動革命，所以成為重點，預備着力介紹。

　　魯迅在《我怎麼做起小説來》一文裡説起過他當時對文學地區的想法。

　　當年魯迅和周作人翻譯了好些短篇小説，1909年在東京印成了兩冊《域外小説集》。

　　要有錢才能印書。正好這時候一位有錢的朋友蔣抑卮願意出資幫忙，這書就印成了。

　　魯迅1932年1月16日致增田涉的信中説到那時為甚麼要出版這本書：「《域外小説集》發行於一九〇七年或一九〇八年，我與周作人在日本東京時。當時中國流行林琴南用古文翻譯的外國小説，文章確實很好，但誤譯很多。我們對此感到不滿，想加以糾正，才幹起來的。」

◎ 章太炎

二一　從章太炎學《説文解字》

　　1908年魯迅有機會從章太炎學《説文解字》。那時章太炎在東京一面主持《民報》，一面辦國學講習會，借神田的大成中學講堂定期講學，在留學界很有影響。魯迅與許壽裳跟龔未生談起，想聽章先生講書，怕大班太雜遝，未生去對太炎說了，請他可否星期日午前在民報社另開一班，章先生答應了。這一班聽講的，是朱蓬仙（宗萊）、龔未生、錢玄同（夏）、朱逖先（希祖）、周豫才（樹人，即魯迅）、周起孟（作人）、錢均夫（家治）和許壽裳，共八人。

　　1903年，章太炎因在《蘇報》上發表《康有為與覺羅君之關係》和為鄒容所著《革命軍》作序被捕，被判監禁三年。1906年出獄，即到日本，不久就擔任了同盟會機關報《民報》的主編。魯迅在紀念文章《關於太炎先生二三事》中回憶道：

> 　　我以為先生的業績，留在革命史上的，實在比在學術史上還要大。回憶三十餘年之前，木板的《訄書》已經出版了，我讀不斷，當然也看不懂，恐怕那時的青年，這樣的多得很。……

> 　　（先生）一九○六年六月出獄，即日東渡，到了東京，不久就主持《民報》。我愛看這《民報》，但並非為了先生的文筆古奧，索解為難，或說佛法，談「俱分進化」，是為了他和主張保皇的梁啟超鬥爭，和「××」的×××鬥爭，和「以《紅樓夢》為成佛之要道」的×××鬥爭，真是所向披靡，令人神旺。前去聽講也在這時候，但又並非因為他是學者，卻為了他是有學問的革命家，所以直到現在，先生的音容笑貌，還在目前，而所講的《説文解字》，卻一句也不記得了。

魯迅一直到晚年，對這位老師都是十分尊敬的。

◎ 陶成章（前排左一）1904 年在日本和友人合影

二二　陶煥卿的朋友

　　1908 年，魯迅加入了反清組織「光復會」並成為會員。陶煥卿名成章，是光復會的重要活動家。光復會的龔未生名寶銓，是章太炎的女婿。陳子英名濬。陶望潮名鑄，號冶公。他們都和魯迅時有交往，周作人在《關於魯迅之二》中回憶說：

　　　　當時陶煥卿（成章）也亡命來東京，因為同鄉的關係常來談天，未生大抵同來。煥卿正在連（聯）絡江浙會黨，計畫（劃）起義，太炎先生每戲呼為煥強盜或煥皇帝，來寓時大抵談某地不久可以「動」，否則講春秋時外交或戰爭情形，口講指畫，歷歷如在目前。嘗避日本警吏注意，攜文件一部分來寓屬（囑）代收藏，有洋抄本一，係會黨的聯合會章，記有一條云：凡犯規者以刀劈之。又有空白票布，紅布上蓋印，又一枚紅緞者，云是「龍頭」。煥卿嘗笑語曰，填給一張正龍頭的票布如何？數月後煥卿移居，乃復來取去。

　　後來，當陶成章死去多年之後，魯迅依然不能忘懷這一位亡友，他的影像，還不時出現在自己的記憶中。他 1926 年在《為半農題記〈何典〉後，作》中深情地說：「夜雨瀟瀟地下着，提起筆，忽而又想到用麻繩做腰帶的困苦的陶煥卿……」

◎ 紹興府中學堂辛亥春季旅行紀念照

二三　魯迅回國了

　　1909 年 8 月間，魯迅回國，在浙江兩級師範學堂做了一年生理學和化學教員。1910 年 9 月，魯迅應紹興府中學堂的聘請，去教生物學兼任監學。他一回到故鄉，馬上就遭到了「無辮之災」。他的辮子，早在日本就已剪掉。現在可麻煩了。他在《病後雜談之餘》一文中回憶說：

　　　　我回中國的第一年在杭州做教員，還可以穿了洋服算是洋鬼子；第二年回到故鄉紹興中學去做學監，卻連洋服也不行了，因為有許多人是認識我的，所以不管如何裝束，總不失為「裡通外國」的人，於是我所受的無辮之災，以在故鄉為第一。尤其應該小心的是滿洲人的紹興知府的眼睛，他每到學校來，總喜歡注視我的短頭髮，和我多說話。

　　　　學生們裡面，忽然起了剪辮風潮了，很有許多人要剪掉。我連忙禁止。他們就舉出代表來詰問道：究竟有辮子好呢，還是沒有辮子好呢？我的不假思索的答覆是：沒有辮子好，然而我勸你們不要剪。學生是向來沒有一個說我「裡通外國」的，但從這時起，卻給了我一個「言行不一致」的結語，看不起了。

　　1911 年 7 月，魯迅辭去了紹興府中學堂的職務。辭職之後，得另外尋個職業。魯迅在《著者自敍傳略》裡也說到了當時的情況：

　　　　我一回國，就在浙江杭州的兩級師範學堂做化學和生理學教員，第二年就走出，到紹興中學堂去做教務長，第三年又走出，沒有地方可去，想在一個書店去做編譯員，到底被拒絕了。但革命也就發生，紹興光復後，我做了師範學校的校長。革命政府在南京成立，教育部長招我去做部員，移入北京。

◎ 王金發

二四　在辛亥革命中

　　1911 年 10 月 10 日武昌起義爆發，辛亥革命開始。接着各省紛紛響應，不久，浙江省會杭州也宣告光復。11 月 10 日晚上，光復會的王金發帶兵從杭州來到紹興，第二天宣佈成立紹興軍政分府，他當都督。後來魯迅在一篇文章裡說起他：

　　　　他雖然也出身綠林大學，未嘗「讀經」(？)，但倒是還算顧大局，聽輿論的，可是自紳士以至於庶民，又用了祖傳的捧法群起而捧之了。這個拜會，那個恭維，今天送衣料，明天送翅席，捧得他連自己也忘其所以，結果是漸漸變成老官僚一樣，動手刮地皮。

在《范愛農》一文中更指名說他：

　　　　他進來以後，也就被許多閒漢和新進的革命黨所包圍，大做王都督。在衙門裡的人物，穿布衣來的，不上十天也大概換上皮袍子了，天氣還並不冷。

　　紹興軍政分府任命魯迅為紹興初級師範學校校長，在日本結識的同鄉好友范愛農為監學。這時，原來魯迅在紹興府中學堂的學生王文灝等人辦的報紙《越鐸日報》請了魯迅為發起人。報紙辦起來之後，登了不少罵人的文章，罵軍政府和那裡面的人員，罵王金發本人以及和他相關的人。王金發於是送錢給報館。錢收了，還是罵。王金發惱怒了，說是詐取了他的錢，還罵他，要殺人了。魯迅知道不能再在紹興待下去，於是辭去了校長的職務，想辦法離開了。

◎ 范愛農

二五　范愛農之死

　　范愛農和魯迅同時在日本留學，成了很好的朋友，志趣相投。後來他沒有了學費，不能再留學，便回來了。范愛農回到故鄉之後，在鄉下，教着幾個小學生糊口。他有時也乘了航船進城來，每一進城，必定來訪魯迅，「常談些愚不可及的瘋話」。魯迅回憶説：

　　　　到冬初，我們的景況更拮据了，然而還喝酒，講笑話。忽然是武昌起義，接着是紹興光復。第二天愛農就上城來，戴着農夫常用的氈帽，那笑容是從來沒有見過的。

　　　　「老迅，我們今天不喝酒了。我要去看看光復的紹興。我們同去。」

　　　　我們便到街上去走了一通，滿眼是白旗。

　　不久，因為《越鐸日報》的事情，王金發惱怒了。魯迅知道不能再在紹興待下去，於是辭去了校長的職務，把賬目和一角又兩枚銅元的餘款交給了軍政分府派來的接收員，盤算着外出謀生。正好這時候許壽裳寫信來催魯迅前往南京。范愛農也很贊成，但頗淒涼，説：「這裡又是那樣，住不得。你快去罷……」魯迅走了以後，范愛農的學監職務也被繼任的校長設法去掉了。他又成了革命前的范愛農。不久就聽説他已經掉到水裡，淹死了。魯迅疑心他是自殺。因為他是浮水的好手，不容易淹死的。

　　後來魯迅寫了詩紀念他。

◎ 蔡元培

二六　新政府的官員

　　1912 年 1 月 1 日，中華民國臨時政府在南京成立，孫中山為臨時大總統。教育總長是蔡元培。許壽裳在《亡友魯迅印象記》中回憶說：

> 　　其時一切草創，規模未具，部中供給膳宿，每人僅月支三十元。我被蔡先生邀至南京幫忙，草擬各種規章，日不暇給，乘間向蔡先生推薦魯迅。蔡說：「我久慕其名，正擬馳函延請，現在就託先生代函敦勸，早日來京。」我即連寫兩封信給魯迅，說蔡先生殷勤延攬之意。不久，魯迅來京了，我們又復聚首，談及故鄉革命的情形，多屬滑稽而可笑。我們白天則同桌辦公，晚上則聯床共話，暇時或同訪圖書館，魯迅借鈔《沈下賢集》，《唐宋傳奇集》所收的《湘中怨辭》《異夢錄》《秦夢記》，就在這時鈔寫的；或同尋滿清駐防旗營的廢址，只看見一片焦土，在瓦礫堆中，有一二年老的滿洲婦女，住在沒有門床的破屋裡，蠕蠕而動，見了我們，其驚懼似小鼠，連說沒有甚麼，沒有甚麼。魯迅為我講述當年在路礦學堂（即「礦路學堂」）讀書，騎馬過旗營時，老是受旗人的欺侮，言下猶有餘恨。

　　南京是他求學四年的地方。十年前離開的時候，只是礦路學堂的一名畢業生，現在重來，卻是新政府的一位官員了。舊地重遊，撫今追昔，心情是頗為興奮的。南京作為臨時政府的所在地，頗有一點除舊佈新的氣象。1925 年 3 月 31 日他在給許廣平的信中回憶往事，說：

> 　　說起民元（按：民國元年，即 1912 年）的事來，那時確是光明得多，當時我也在南京教育部，覺得中國將來很有希望。自然，那時惡劣分子固然也有的，然而他總失敗。

◎ 教育部全體部員合影

二七　教育部僉事

　　1912 年初，清帝退位，孫中山將臨時大總統的職位讓給袁世凱，袁世凱在北京組織政府。4 月，南京臨時政府遷往北京。魯迅於 5 月 5 日到達北京，住到宣武門外南半截胡同紹興會館裡叫藤花館的房屋裡。5 月 10 日，魯迅開始到教育部上班。他被任命為社會教育司第一科科長，主管圖書館、博物館、美術館等事項。8 月，又被任命為教育部僉事，同時還要他參加通俗教育研究會，擔任小說股主任。

◎ 全國兒童藝術品展覽會同人合影

二八　社會教育司第一科科長

　　魯迅是教育部社會教育司第一科科長，他在職務範圍內做了不少工作，例如，他曾到天津去考察新劇，曾去選擇開闢公園的地址，曾去視察國子監及學宮的古文物，曾參與籌建圖書館的工作。主持籌備這一次全國兒童藝術品展覽會就是他的職責。

　　1914 年 5 月 20 日展覽會閉會之時拍攝了這張紀念照片，魯迅為第四排左起第四人。

◎ 教育部通俗教育研究會會員合影

二九　看好周瘦鵑選譯的小説

當時魯迅是教育部通俗教育研究會小說股主任，負責新舊小說的調查、審核和編譯等事務。

《歐美名家短篇小説叢刊》，周瘦鵑選譯，1917年3月由上海中華書局初版。共三卷：上卷收英國小説十八篇；中卷收法國、美國小説十七篇；下卷收俄國、德國、意大利、匈牙利、西班牙、瑞士、丹麥、瑞典、荷蘭、塞爾維亞、芬蘭等國小説十五篇。該書出版後，中華書局送呈教育部審查註冊。魯迅很讚許譯者介紹外國文學的努力，特地擬了一條很好的評語：

> 凡歐美四十七家著作，國別計十有四，其中意、西、瑞典、荷蘭、塞爾維亞，在中國皆屬創見，所選亦多佳作。又每一篇署著者名氏，並附小像略傳，用心頗為懇摰，不僅志在娛悅俗人之耳目，足為近來譯事之光。惟諸篇似因陸續登載雜誌，故體例未能統一。命題造語，又係用本國成語，原本固未嘗有此，未免不誠。書中所收，以英國小説為最多；唯短篇小説，在英文學中，原少佳製，古爾斯密及蘭姆之文，係雜著性質，於小説為不類。歐陸著作，則大抵以不易入手，故尚未能為相當之紹介，又況以國分類，而諸國不以種族次第，亦為小失。然當此淫佚文字充塞坊肆時，得此一書，俾讀者知所謂哀情慘情之外，尚有更純潔之作，則固亦昏夜之微光，雞群之鳴鶴矣。

左頁是1915年8月教育部通俗教育研究會會員的合影，魯迅為最後一排左起第四人。

◎ 京師圖書館開館紀念合影

三〇　京師圖書館開館

京師圖書館（國家圖書館前身）從什剎海廣化寺遷移到方家胡同國子監南學舊址，1917 年 1 月 26 日舉行開館式。魯迅為第二排右起第四人。

◎ 陳獨秀

三一　陳獨秀創刊《新青年》

　　1915 年 9 月 15 日，陳獨秀辦的《青年雜誌》創刊。1916 年 6 月 6 日袁世凱去世，9 月 1 日開始出版的《青年雜誌》第二卷，就更名為《新青年》了。雜誌高舉「民主」「科學」兩面旗幟，對中國專制主義的傳統進行批判。1917 年 1 月、2 月出版的《新青年》雜誌上，先後發表了胡適的《文學改良芻議》和陳獨秀的《文學革命論》，提倡文學改良，或者叫文學革命，主張用白話文代替文言文。刊物的激進態度遭到守舊的人們的強烈反對。

　　魯迅在《新青年》雜誌上發表了第一篇小說《狂人日記》。

　　魯迅在《新青年》上不只是發表小說，還在新闢的「隨感錄」一欄裡發表了好些鋒利的短評，向幾千年來中國專制主義的文化傳統猛烈進攻，大聲疾呼地鼓吹改革，鼓吹科學精神。他寫的這些隨感錄，着重批判了那些拒絕任何改革的保守派人物，這些人以「保存國粹」為口號，來維持專制主義的文化傳統。在《隨感錄三十八》裡，魯迅概括了這一流人物的主張：「古人所作所說的事，沒一件不好，遵行還怕不及，怎敢說到改革？」

　　1932 年 10 月 15 日陳獨秀被捕。1933 年 3 月，魯迅在《我怎麼做起小說來》一文中說：「但是《新青年》的編輯者，卻一回一回的來催，催幾回，我就做一篇，這裡我必得記念陳獨秀先生，他是催促我做小說最着力的一個。」魯迅對這樣一位在押的政治犯公開表示感謝，也有向當局表示一點反對的意思吧。

◎ 胡適

三二　和胡適訂交

　　胡適是《新青年》雜誌同人，和魯迅開始訂交的時候也是私人關係很好的朋友。1920年3月，胡適的詩集《嘗試集》出版，年底，為了準備新版本，胡適將自己刪定的一本送請一些朋友提意見，後來又送給魯迅刪了一遍。這件事在魯迅的書信中可以得到印證。魯迅在1921年1月15日給胡適的覆信就說了他的意見。可見魯迅是認真對待胡適請他刪詩這件事的。

　　魯迅在北京大學講授中國小說史，這時胡適也在研究中國小說。他們相互提供研究資料。胡適寫作《〈西遊記〉考證》，就得到了魯迅不少幫助。胡適也借給魯迅許多書。魯迅在《中國小說史略》裡也多處引用了胡適的考證成果。這時，胡適和魯迅、周作人兄弟交往不少。如胡適1922年8月11日日記所記：

　　　　講演後，去看啟明，久談，在他家吃飯；飯後，豫才回來，又久談。周氏兄弟最可愛，他們的天才都很高。豫才兼有賞鑒力與創造力，而啟明的賞鑒力雖佳，創作較少。啟明說，他的祖父是一個翰林，滑稽似豫才；一日，他談及一個負恩的朋友，說他死後忽然夢中來見，身穿大毛的皮外套，對他說：「今生不能報答你了，只好來生再圖報答。」他接着談下去：「我自從那回夢中見他以後，每回吃肉，總有點疑心。」這種滑稽，確有點像豫才。豫才曾考一次，啟明考三次，皆不曾中秀才，可怪。

　　以後胡適和魯迅在政治上處於完全對立的立場。可是1936年10月19日魯迅病逝之後，胡適表示願意列名為「魯迅先生紀念委員會」的委員，並應許廣平之請，談妥由商務印書館着手編印魯迅的全集。

◎ 錢玄同

三三　錢玄同來約稿

跟魯迅在東京一同聽章太炎講學的錢玄同，也是《新青年》雜誌的同人。他熱心敦促魯迅給《新青年》寫稿。魯迅記下過他來索稿時的談話：

「你鈔了這些有甚麼用？」有一夜，他翻着我那古碑的鈔本，發了研究的質問了。

「沒有甚麼用。」

「那麼，你鈔他是甚麼意思呢？」

「沒有甚麼意思。」

「我想，你可以做點文章……」

我懂得他的意思了，他們正辦《新青年》，然而那時彷彿不特沒有人來贊同，並且也還沒有人來反對，我想，他們許是感到寂寞了，但是說：

「假如一間鐵屋子，是絕無窗戶而萬難破毀的，裡面有許多熟睡的人們，不久都要悶死了，然而是從昏睡入死滅，並不感到就死的悲哀。現在你大嚷起來，驚起了較為清醒的幾個人，使這不幸的少數者來受無可挽救的臨終的苦楚，你倒以為對得起他們麼？」

「然而幾個人既然起來，你不能說決沒有毀壞這鐵屋的希望。」

是的，我雖然自有我的確信，然而說到希望，卻是不能抹殺的，因為希望是在於將來，決不能以我之必無的證明，來折服了他之所謂可有，於是我終於答應他也做文章了，這便是最初的一篇《狂人日記》。

《狂人日記》發表之後，「便一發而不可收」，接着又給《新青年》寫了《孔乙己》（1918 年冬）、《藥》（1919 年 4 月）等小說。

◎ 劉半農

三四 劉半農也來約稿

《新青年》雜誌的同人裡熱心敦促魯迅寫稿的還有劉半農。《新青年》第四卷第三號（1918 年 3 月）上刊登了劉半農的一首紀事詩《除夕》，詩中記述了夏曆丁巳年除夕（1918 年 2 月 10 日）他到紹興會館看望魯迅周作人兄弟的點滴。這詩說：

> 除夕是尋常事，做詩為甚麼？
>
> 　不當他除夕，當作平常日子過。
>
> 　　這天我在紹興縣館裡：館裡大樹甚多。
>
> 風來樹動，聲如大海生波，
>
> 靜聽風聲，把長夜消磨。
>
> 　主人周氏兄弟，與我談天，——
>
> 欲招繆撒，欲造「蒲鞭」，
>
> 　說今年已盡，這等事，待來年。

劉半農自己加了兩條註釋：

> 繆撒，拉丁文作 Musa，希臘「九藝女神」之一，掌文學美術者也。

> 「蒲鞭」一欄，日本雜誌中有之；蓋與「介紹新刊」對待，用消極法篤促編譯界之進步者。余與周氏兄弟（豫才，啟明）均有在《新青年》增設此欄之意；唯一時恐有窒礙，未易實行耳。

◎ 阿 Q 像

三五 「寫出一個現代的我們國人的魂靈來」

北京《晨報》於 1921 年 12 月 4 日開始連載魯迅的中篇小説《阿 Q 正傳》。小説寫的是辛亥革命前後江南一個小村莊裡發生的故事。主人公阿 Q 是個破了產的雇農。「阿 Q 沒有家，住在未莊的土穀祠裡；也沒有固定的職業，只給人家做短工，割麥便割麥，舂米便舂米，撐船便撐船。」他做工很賣力，然而受盡了豪紳惡霸乃至地保的欺凌、剝削和壓迫，弄得沒有生路，做了竊賊。辛亥革命起來，而已經決心「投降革命」的阿 Q，竟為了示眾的需要被誣為盜匪槍斃了。

魯迅以極大的藝術力量和思想力量創造了阿 Q 這個具有廣泛概括意義的典型形象。作為阿 Q 性格特徵的是著名的「精神勝利法」，他能把所遇到的一切糟糕的事情都解釋成自己的「勝利」。他是這樣的窮困，可是他説：「我們先前──比你闊得多啦！」或者説：「我的兒子會闊得多啦！」這些不着邊際的想法使他得到一點寬慰。這樣，他在現實中遇到的種種困頓和屈辱都是可以忍受得了。不幸的阿 Q，你怎麼這樣沒出息，怎麼不起來鬥爭啊？

阿 Q 這個形象的創造，和魯迅長期對中國「國民性」的探索有明顯的關係。他説過，他創作這部小説，是要「寫出一個現代的我們國人的魂靈來」，「是想暴露國民的弱點的」。他把他認為中國「國民性」中一些最嚴重的弱點，例如安於困苦的、不公正的現狀，並且尋找種種「理由」來安慰自己，或者以欺凌比自己更弱的弱者來求得補償，得到滿足，等等，集中地反映在這部小説中。

◎ 羅曼·羅蘭

三六　羅曼‧羅蘭讚揚《阿 Q 正傳》

　　《阿 Q 正傳》問世之後，不久就贏得了國際聲譽。敬隱漁（《約翰‧克利斯朵夫》最早的中譯者）把它譯成法文，寄給羅曼‧羅蘭。羅曼‧羅蘭介紹給巴黎《歐羅巴》月刊，後者在 1926 年 5 月和 6 月出版的第四十一、四十二期上將其刊出。羅曼‧羅蘭的遺物中還保存了他寫給《歐羅巴》月刊編者巴查爾什特的薦稿信，信中他這樣談這部小說：

　　　　這是鄉村中的一個窮極無聊的傢伙的故事。這個人一半是流浪漢，困苦潦倒，被人瞧不起，而且他確實也有使人瞧不起的地方，可是他卻自得其樂，並且十分自豪（因為一個人既然扎根於生活之中，就不得不有點值得自豪的理由！）。最後，他被槍斃了，在革命時期被槍斃，不知道為甚麼。使他鬱鬱不樂的卻只有一件事，那就是當人們叫他在供詞下邊畫一個圓圈時（因為他不會寫自己的名字），他的圈圈畫不圓。這篇故事的現實主義乍一看好似平淡無奇。可是，接着你就發現其中含有辛辣的幽默。讀完之後，你會很驚異地察覺，這個可悲可笑的傢伙再也不離開你，你已經對他依依不捨。

　　　　你願意讀一讀這篇不長的稿件嗎？如果不，我只好另作處理。可是，請你還是把它發表在《歐羅巴》上罷！

◎ Б.А.瓦西里耶夫

三七 《阿Q正傳》有了俄文譯本

在這前後的幾年間,《阿Q正傳》還出了英文、俄文和日文的譯本。

第一個俄文譯本的譯者是 Б.A.瓦西里耶夫,中文名叫王希禮。蘇聯人。列寧格勒大學東方系畢業,是當時蘇聯派到駐開封的馮玉祥部國民軍第二軍俄國顧問團當翻譯的。他喜愛中國文學,看過《聊齋志異》等一些作品。那時曹靖華也在這個部隊裡,他們相識了。王希禮就請曹靖華給他介紹一點新文學作品。曹靖華就給他介紹了《阿Q正傳》。王希禮讀過之後興奮地對曹靖華說魯迅「是同我們的果戈理、契訶夫、高爾基一樣的世界大作家」。他把它翻譯成俄文,於1929年在列寧格勒(現聖彼得堡)激浪出版社出版。魯迅為這個譯本寫了序言和一篇《著者自敍傳略》。這篇序言中說:

> 我雖然已經試做,但終於自己還不能很有把握,我是否真能夠寫出一個現代的我們國人的魂靈來。別人我不得而知,在我自己,總彷彿覺得我們人人之間各有一道高牆,將各個分離,使大家的心無從相印。這就是我們古代的聰明人,即所謂聖賢,將人們分為十等,說是高下各不相同。其名目現在雖然不用了,但那鬼魂卻依然存在,並且變本加屬,連一個人的身體也有了等差,使手對於足也不免視為下等的異類。造化生人,已經非常巧妙,使一個人不會感到別人的肉體上的痛苦了,我們的聖人和聖人之徒卻又補了造化之缺,並且使人們不再會感到別人的精神上的痛苦。

1925年,梁社乾把它譯為英文。魯迅說,這個譯本「似乎譯得很懇切」,它於1926年在上海商務印書館出版,魯迅還特地為它拍攝了一張照片。

北京到西安

◎ 任北京大學校長時的蔡元培

三八　應聘到北京大學任教

　　1916 年秋天蔡元培被任命為北京大學校長。他一到這原來暮氣沉沉的腐敗的學校去，即銳意整頓，很快北京大學就成了名副其實的最高學府。他聘請了許多新的教師，並請陳獨秀來校擔任文科學長。先後聘來在文科任教的，有胡適、錢玄同、李大釗、黃侃（季剛）、沈兼士、沈尹默、朱希祖、劉半農、王星拱等人。他甚至以「兼容並包」的原則聘請了拖着辮子的辜鴻銘和籌安會六君子之一的劉師培。學校裡，學術自由的風氣也日漸濃厚起來。

　　1920 年秋季開學的時候，魯迅應聘到北京大學國文系講授小說史。魯迅日記中的 1920 年 8 月 6 日「馬幼漁（即北京大學國文系主任）來，送大學聘書」，就是這件事。魯迅不但到北京大學任課，1920 年 8 月 26 日北京高等師範學校（1922 年改為北京師範大學）也聘他為國文系講師。1923 年秋天，他又受聘為北京女子高等師範學校（1924 年改為北京女子師範大學）和世界語專門學校教師，在各個學校都是講中國小說史這門課。同在北京大學一樣，在這幾個學校裡，他都是深受學生敬愛的師長。

　　他當時編的講義，後來出版了，就是《中國小說史略》。

◎ 1922 年 5 月 23 日在北京世界語學會合影，第一排左起第三人是周作人，第五人是愛羅先珂，第六人是魯迅。

三九　魯迅和愛羅先珂訂交

　　1922 年，魯迅和周作人兄弟接待了蘇聯盲詩人、童話作家愛羅先珂，他是 1921 年在日本參加五一節遊行，5 月 6 日被驅逐出境的。魯迅在《雜憶》(見《墳》)一文中說：

　　　　當愛羅先珂君在日本未被驅逐之前，我並不知道他的姓名。直到已被驅逐，這才看起他的作品來；所以知道那迫辱放逐的情形的，是由於登在《讀賣新聞》上的一篇江口渙氏的文字。於是將這譯出，還譯他的童話，還譯他的劇本《桃色的雲》。其實，我當時的意思，不過要傳播被虐待者的苦痛的呼聲和激發國人對於強權者的憎惡和憤怒而已。

周作人在《知堂回想錄》(一三八)裡說：

　　　　愛羅先珂從大連來到上海，大概是在一九二二年的春初，有人介紹給蔡校長，請設法安頓他，於是便請他來教世界語。但是他一個外國人又是瞎了眼睛，單身來到北京，將怎麼辦呢？蔡子民於是想起了託我們的家裡照顧，因為他除了懂得英文和世界語之外，還在東京學得一口流利的日本語，這在我們家裡是可以通用的。我與魯迅不是常川在家，但內人和她的妹子卻總是在的，因為那時妻妹正是我的弟婦。

　　這樣愛羅先珂就住在八道灣魯迅、作人住處後院東頭的空屋裡，應聘到北京大學去任課了。魯迅的小說《鴨的喜劇》留下了他在八道灣生活的剪影，可以看出他同周家的孩子們一起玩得很開心。

　　魯迅翻譯了《愛羅先珂童話集》，此書被列為《文學研究會叢書》之一。魯迅還翻譯了他的劇本《桃色的雲》。

◎ 1922 年 6 月 3 日愛羅先珂在魯迅周作人家的合影

四〇　愛羅先珂在魯迅家

愛羅先珂住在魯迅周作人家，和他們一家大大小小都成了朋友。魯迅的小說《鴨的喜劇》裡描寫了一些場景：

俄國的盲詩人愛羅先珂君帶了他那六弦琴到北京之後不多久，便向我訴苦說：

「寂寞呀，寂寞呀，在沙漠上似的寂寞呀！」

……「北京卻連蛙鳴也沒有……」他又歎息說。

「蛙鳴是有的！」這歎息，卻使我勇猛起來了，於是抗議說，「到夏天，大雨之後，你便能聽到許多蝦蟆叫，那是都在溝裡面的，因為北京到處都有溝。」

「哦……」

過了幾天，我的話居然證實了，因為愛羅先珂君已經買到了十幾個科斗子。他買來便放在他窗外的院子中央的小池裡。那池的長有三尺，寬有二尺，是仲密所崛，以種荷花的荷池。從這荷池裡，雖然從來沒有見過養出半朵荷花來，然而養蝦蟆卻實在是一個極合適的處所。

科斗成群結隊的在水裡面游泳；愛羅先珂君也常常踱來訪他們。有時候，孩子告訴他說，「愛羅先珂先生，他們生了腳了。」他便高興的微笑道，「哦！」

……有一天上午，那鄉下人竟意外的帶了小鴨來了，啾啾的叫着；但是仲密夫人說不要。愛羅先珂君也跑出來，他們就放一個在他兩手裡，而小鴨便在他兩手裡啾啾的叫。他以為這也很可愛，於是又不能不買了，一共買了四個，每個八十文。

◎ 西安講學合影

四一　赴西安講學

　　1924 年 7 月，魯迅應西北大學和陝西省教育廳合辦的暑期學校的邀請前往西安講學，同時應邀的還有天津南開大學哲學系教授，後來在廈門大學和魯迅同事的陳定謨；天津南開大學教授、著名考古學家，後來和魯迅都參加了中國民權保障同盟活動的李濟之；天津南開大學歷史系教授，後來從政，擔任行政院政務處長，中國駐蘇聯大使的蔣廷黻；北京大學理科學長夏元瑮；北京師範大學歷史系教授王桐齡；魯迅在紹興中學堂任教時的學生，這時擔任北京《晨報》副刊編輯的孫伏園等多人。其間魯迅還同他們遊覽西安市區，遊覽薦福寺、大慈恩寺、碑林等古蹟。這是 7 月 20 日開學典禮上的合影。

　　魯迅在這個暑期學校講了六講《中國小說的歷史的變遷》。

◎ 周作人和羽太信子

四二　兄弟失和

　　魯迅和周作人兄弟突然在 1923 年 7 月決裂了。決裂的原因實際上是經濟的糾紛。他們兄弟沒有分家，一起吃飯。而周作人的收入比魯迅多，周作人的妻子羽太信子認為魯迅佔了便宜，魯迅負氣從 7 月 14 日起就不和他們一起吃飯了。但是不知道羽太信子向丈夫說了一些甚麼話，7 月 19 日上午，周作人將一封絕交書交給魯迅：

魯迅先生：

　　我昨天才知道——但過去的事不必再說了。我不是基督徒，卻幸而尚能擔受得起，也不想責誰——大家都在可憐的人間。我以前的薔薇色的夢原來卻是虛幻，現在所見的或者才是真的人生。我想訂正我的思想，重新入新的生活。以後請不要再到後邊院子裡來。沒有別的話。願你安心、自重。

七月十八日，作人

　　於是，8 月 2 日魯迅就和妻子朱安一同搬到了磚塔胡同 61 號的房子裡借住；10 月 31 日，魯迅買下了阜成門內西三條胡同 21 號房屋，經過翻建裝修，1924 年 5 月 25 日他們就遷入新居了。這裡就是現在北京魯迅博物館裡的魯迅故居。

　　兄弟失和的原因究竟是甚麼，兩個當事人都沒有留下一點直接的文字記錄。許壽裳把這事歸咎於羽太信子。他說：

　　作人的妻羽太信子是有歇斯台里性的。她對於魯迅，外貌恭順，內懷忮忌。作人則心地糊塗，輕聽婦人之言，不加體察。

在這以後，魯迅周作人兩人再也沒有甚麼直接的交往了。

◎ 孫伏園

四三　《語絲》週刊創刊

孫伏園回憶説：

　　　　1924 年 10 月，魯迅先生寫了一首詩《我的失戀》，寄給了《晨報》副刊。稿已經發排，在見報的頭天晚上，我到報館看大樣時，魯迅先生的詩被代理總編輯劉勉己抽掉了。抽去這稿，我已經按捺不住火氣，再加上劉勉己又跑來說那首詩實在要不得，但吞吞吐吐地又說不出何以「要不得」的理由來，於是我氣極了，就順手打了他一個嘴巴，還追着大罵他一頓。第二天我氣忿忿地跑到魯迅先生的寓所，告訴他「我辭職了」。

　　在魯迅等人的合作之下，孫伏園辦起了《語絲》週刊。在《語絲》創刊號上，魯迅發表了《論雷峰塔的倒掉》一文。文章就這年 9 月 25 日杭州雷峰塔倒塌一事談到白蛇傳，借這個神話故事表示了自己對婦女解放的主張。接着，他在《語絲》發表了散文詩《秋夜》《影的告別》《求乞者》等篇，後來這些都收入了散文詩集《野草》。

　　後來《語絲》週刊移到上海出版，魯迅還是在它上面發表了許多很尖鋭的文章。魯迅的這些文章產生了很大影響，他被人稱為「語絲派首領」。

◎ 許廣平第一封信手稿

四四　許廣平來敲門了

　　1925年新年開始，魯迅兼課的北京女子師範大學爆發了反對校長楊蔭榆的風潮。魯迅支持鬧事的學生。1925年3月11日，魯迅收到了鬧事學生許廣平的一封來信，信中表露了她對魯迅的景仰之情。這個學生大膽地向老師表示：她希望得到老師比在教室裡授課更多的教導：

　　　　先生！他自信他自己是一個剛率的人，他也更相信先生是比他更剛率十二萬分的人，因為有這點點小同，他對於先生是盡量地質言的。是希望先生收錄他作個無時、地界限的指南誘導的！先生，你可允許他？

　　魯迅收到了許廣平這封來信，當天就熱情作覆。這封回信用每行格子寫兩行字的較小的字體，滿滿寫了四頁信紙，共約兩千字。信寫得很親切，思想的交流也深，這在魯迅答覆學生的信中，就現在能夠看到的，是從來沒有過的。也許只能說是有某種緣分在冥冥之中起作用吧。就說通信中所用的稱謂，魯迅稱她為「廣平兄」，這是收信人覺得不解，不敢當，不能不問一聲「先生之意何居」的。雖說魯迅解說這是他自己制定的用例，「不過比直呼其名略勝一籌」，不過想來收信人總會從這意外的稱謂裡多感到一分親切吧。再看許廣平在信末落款前寫的自己的身份，第一封信是「謹受教的一個小學生」，接着的信就寫作「小學生」「魯迅先生的學生」「學生」。4月10日，即通信才一個月的時候，落款寫的就是「小鬼許廣平」了。

　　不久，師生之間開始了戀愛的關係。

◎ 章士钊像

四五　魯迅打官司

　　魯迅在北京女子師範大學（以下簡稱「女師大」）學生反對校長楊蔭榆的風潮中支持鬧事的學生。楊蔭榆在 5 月 20 日的《晨報》上發表《對於暴烈學生之感言》，為自己開除六學生一事辯解，27 日的《京報》上刊出的在女師大任課的教授李泰棻、馬裕藻、沈尹默、魯迅、錢玄同、沈兼士、周作人七人的《對於北京女子師範大學風潮宣言》，反駁了楊蔭榆，為被開除的自治會六職員做了有力的辯護。此外，魯迅還為女師大學生起草了請求撤換校長楊蔭榆呈教育部的公文。

　　楊蔭榆終於提出了辭呈，8 月 8 日教育總長章士釗批准了楊蔭榆的辭職，同時也下定了摧毀女師大的決心，決定將北京女子師範大學改組為國立北京女子大學。22 日他們事先雇來了一批身強力壯的女傭，把女學生強拖出校。「清場」之後，就在大門口掛起女子大學籌備處的招牌。北京女子師範大學就這樣被摧毀了。

　　在校舍被佔之後，女師大校務維持會在西城南小街宗帽胡同找到了一處可以作為校舍的房屋，向社會募捐的收入也足夠半年的經費，授課教師也都無償上課。於是招收新生，9 月 21 日，無視教育部停辦命令的北京女子師範大學就在宗帽胡同的臨時校址開學了。魯迅是校務維持會的委員，出席了開學典禮，在會上講了話。就因為魯迅積極參加了女師大校務維持會的活動，章士釗即以此為由，呈請段祺瑞執政府批准，免了魯迅的教育部僉事職。魯迅於是向平政院提起訴訟。

　　1925 年 12 月 31 日，國務院改組，新任命的教育總長是易培基。在女師大風潮中，他支持學生，現在出任教育總長，更完全無意維持前任總長章士釗所做的懲處魯迅的決定。這樣，平政院的官司魯迅勝訴了。1926 年 1 月 17 日教育部發表了魯迅的「復職令」。

◎（左）劉和珍、（右）楊德群像

四六　劉和珍、楊德群之死

　　1926 年 3 月 18 日北京發生了大屠殺。鐵獅子胡同的段祺瑞執政府命令軍警關起兩扇鐵門，拿機關槍向和平請願的群眾掃射，打死四十七人，傷一百五十多人。這就是歷史上有名的「三一八慘案」。女師大學生劉和珍和楊德群死難。

　　「三一八」這天，魯迅在還沒有寫完的《無花的薔薇之二》後半段，以極大的憤怒譴責殺人者：

　　　　如果中國還不至於滅亡，則已往的史實示教過我們，將來的事便要大出於屠殺者的意料之外——

　　　　這不是一件事的結束，是一件事的開頭。

　　　　墨寫的謊說，決掩不住血寫的事實。

　　　　血債必須用同物償還。拖欠得愈久，就要付更大的利息！

　　文章末尾註明的寫作日期是：「三月十八日，民國以來最黑暗的一天。」

　　魯迅還寫了一篇《紀念劉和珍君》，女師大學潮的一位中堅人物，魯迅對她有很好的印象，為她寫了一篇深情的紀念文章，說：

　　　　在四十餘被害的青年之中，劉和珍君是我的學生。學生云者，我向來這樣想，這樣說，現在卻覺得有些躊躇了，我應該對她奉獻我的悲哀與尊敬。她不是「苟活到現在的我」的學生，是為了中國而死的中國的青年。

廈門到廣州

◎ 許廣平像

四七　到廈門去

　　1926 年，魯迅和許廣平已經決定以後共同生活了，這樣再住在北京就很不方便，要找一個遠離朱安的地方。正好這時候女師大同事、語絲社同人林語堂回福建去，擔任廈門大學文科學長，願意聘魯迅前往任教。8 月 26 日魯迅和許廣平就一同乘火車離開北京南下，魯迅是前往廈門，許廣平是去廣東省立廣州女子師範學校任職。

　　後來許廣平在兩篇文章裡都說到了，她同魯迅「約好：希望在比較清明的環境之下，分頭苦幹兩年，一方面為人，一方面自己也稍可支援，不至於餓着肚皮戰鬥，減低了銳氣」，「我們在北京將別的時候，曾經交換過意見：大家好好地給社會服務兩年，一方面為事業，一方面也為自己生活積聚一點必需的錢」。這就是他們兩個人的「兩年計劃」。

　　9 月 4 日下午魯迅到達廈門大學，月薪四百元，是魯迅拿到過的最高月薪。這對於他們「為自己生活積聚一點必需的錢」是很理想的。不過，魯迅在 9 月 26 日致許廣平的信中說：「一個人要生活必需有生活費，生活勞勞，大抵為此。但是有生活而無『費』，固然痛苦；在此地則似乎有『費』而沒有了生活，更使人沒有趣味了。我也許敷衍不到一年。」

◎ 廈門大學全體教師合影

四八　魯迅在廈門大學的生活

魯迅在廈門大學的情形，見於他寫給許廣平的信。

9 月 14 日的信：

> 我的功課，大約每週當有六小時，因為玉堂希望我多講，情不可卻。其中兩點是小說史，無須豫（預）備；兩點是專書研究，須豫（預）備；兩點是中國文學史，須編講義。看看這裡舊存的講義，則我隨便講講就很夠了，但我還想認真一點，編成一本較好的文學史。

9 月 20 日的信：

> 我的薪水不可謂不多，教科是五或六小時，也可以算很少，但所謂別的「相當職務」，卻太繁，有本校季刊的作文，有指導研究員的事（將來還有審查），合計起來，就很夠做了。學校當局又急於事功，問履歷，問著作，問計畫（劃），問年底有甚麼成績發表，令人看得心煩。其實我只要將《古小說鈎沉》拿出去，就可以做為研究教授三四年的成績了。

魯迅 10 月 10 日致許廣平的信中說：

> 這裡的學校當局，雖出重資聘請教員，而未免視教員如變把戲者，要他空拳赤手，顯出本領來。即如這回開展覽會，我就吃苦不少。當開會之先，兼士要我的碑碣拓片去陳列，我答應了。但我只有一張小書桌和小方桌。不夠用，只是攤在地上，一一選出。待到拿到會場去時，則除孫伏園自告奮勇，同去陳列之外，沒有第二人幫忙，尋校役也尋不到，於是只得二人陳列，高處則須桌上放一椅子，由我站上去。

◎ 鲁迅和「泱泱社」青年人在南普陀

四九　魯迅和廈門的文學青年

　　一些愛好文藝的學生聚集在魯迅的周圍，他們組織了一個文藝社團「泱泱社」。10 月 20 日魯迅致許廣平的信中說：「他們想出一種文藝刊物，我已為之看稿，大抵尚幼稚，然而初學的人，也只能如此，或者下月要印出來。」這事在 10 月 23 日的信中就說得更具體了：「此地的幾個學生，已組織了一種出版物，叫作《波艇》，要我看稿，已經看了一期，自然是幼稚，但為鼓動空氣計，所以仍然慫恿他們出版。」關於這《波艇》，11 月 28 日的信中說：「近來組織了一種期刊，而作者不過寥寥數人，或則受創造社影響，過於頹唐（比我頹唐得多），或者太大言無實。」儘管並不怎麼滿意，魯迅還是介紹它由上海北新書局代印代發，出了兩期，並在創刊號上發表了《廈門通信》。

　　1927 年 1 月 2 日，魯迅快要離開廈門了，和「泱泱社」青年們到南普陀郊遊，合影留念。在魯迅前面斜躺着的是林語堂。

◎ 1927 年 1 月 2 日，魯迅在南普陀郊遊時的單人相

五○　魯迅在廈門大學的同事們

　　魯迅在廈門大學的同事，林語堂、沈兼士都在北京女子師範
大學同過事，孫伏園是學生，陳定謨是 1924 年 7 月和魯迅一同應
西北大學和陝西省教育廳合辦的暑期學校的邀請前往西安講學的
老熟人；來廈門以後，又結識了張星烺、羅常培這些學者。

　　魯迅 11 月 18 日致許廣平的信中還講了這樣一件事：

　　　　昨天出了一件可笑可歎的事。下午有懇親會。我向來不
　　赴這宗會的，而玉堂的哥哥硬拉我去。（玉堂有二兄一弟在校
　　內。這是第二個哥哥，教授兼學生指導員，每開會，他必有極
　　討人厭的演說。）我不得已，去了。不料會中他又演說，先感
　　謝校長給我們吃點心，次說教員吃得多麼好，住得多麼舒服，
　　薪水又這麼多，應該大發良心，拚命做事。而校長之如此體貼
　　我們，真如父母一樣……我真就要跳起來，但立刻想到他是玉
　　堂的哥哥，我一翻臉，玉堂必大為敵人所笑，我真是「啞子吃
　　苦瓜」，說不出的苦，火焰燒得我滿臉發熱。照這裡的人看起
　　來，出來反抗的該是我了，但我竟不動，而別一個教員起來駁
　　斥他，鬧得不歡而散。

這起來駁斥林語堂哥哥的，是哲學系副教授繆篆，字子才。

　　1927 年 1 月 2 日，魯迅快要離開廈門了，到南普陀郊遊，他
給許廣平的信中說：「今天照了一個照相，是在草木叢中，坐在一
個洋灰的墳的祭桌上，像一個皇帝，不知照得好否，要後天才知
道。」左邊印的就是這張相片。

◎ 廈門送別

五一　告別廈門

　　1927 年 1 月 4 日，廈門大學給魯迅開了歡送會。下午 3 點該校群賢樓大禮堂開的全體學生的歡送會，到會的有五六百人。校長林文慶等人也來了。晚上，廈門大學文科又開了單獨的歡送會。

　　1 月 16 日，魯迅乘船離開廈門，是到廣州去應中山大學的聘請，也就和許廣平會合了，他們的「兩年計劃」提前完成。

◎ 廣州中山大學大鐘樓

五二　到了廣州

1927 年 1 月 18 日下午，魯迅到達廣州，2 月 10 日，被任命為中山大學文學系主任兼教務主任。3 月 1 日，學校開學。3 月 29 日魯迅同許壽裳搬到了白雲路白雲樓二十六號二樓的新居。許廣平「做他們的柴米油鹽的雜務經理者」。

這時正是「大革命」時期，中國的政治形勢正在急劇的變化之中。從廣東出師北伐的國民革命軍正在勝利進軍。幾個月之前在廈門的魯迅在同廣州的許廣平的通信中，常常興奮地談論北伐勝利的消息。魯迅南來的時候，戰線已經北移到長江流域，國民政府也已經北遷武漢。廣東這個「革命策源地」已經成了革命的後方。

魯迅是懷着興奮的心情來到廣州的。可是不久，他對這裡的形勢有了自己的看法。在《在鐘樓上》的結尾，他說：「我初到廣州的時候，有時確也感到一點小康。前幾年在北方，常常看見迫壓黨人，看見捕殺青年，到那裡可都看不見了。後來才悟到這不過是『奉旨革命』的現象，然而在夢中時是委實有些舒服的。」不過，在這同一篇文章裡還說道，「在一處演講時，我說廣州的人民並無力量，所以這裡可以做『革命的策源地』，也可以做反革命的策源地」。一年之後，他在回答一個向他傾訴苦悶心情的青年讀者的信裡回顧說，「輾轉跑到了『革命的策源地』。住了兩月，我就駭然，原來往日所聞，全是謠言，這地方，卻正是軍人和商人所主宰的國土」。

◎ 山上正義

五三　政治風雲的變化

4月12日，蔣介石在上海發動政變，捕殺共產黨人。4月15日，廣東行營主任李濟深也在廣州響應蔣介石，開始反共，解除了黃埔軍官學校和省港罷工委員會糾察隊的武裝，捕去中山大學學生四十多人。這天下午，魯迅主持召開了中山大學各科系主任緊急會議，提出營救被捕學生。沒有結果。魯迅憤而辭職。5月6日，日本新聞聯合社在廣州的特派記者山上正義在白雲樓魯迅的住處訪問了他：

> 在魯迅潛伏的一家民房的二樓上同魯迅對坐着，我找不出安慰他的言語。剛好有一群工人糾察隊舉着工會旗和糾察隊旗，吹着號從窗子裡望得見的大路上走過去。

> 靠窗外的電桿上貼着很多清黨的標語，如「打倒武漢政府」「擁護南京政府」等等，在這下面，甚至還由於沒有徹底剝光而殘留着幾天以前新貼的「聯俄容共是總理之遺囑」「打倒新軍閥蔣介石」等意義完全相反的標語。

> 魯迅望着走過的工會糾察隊說：「真是無恥之徒，直到昨天還高喊共產主義萬歲，今天就到處去搜索共產主義系統的工人了。」給他這麼一說，那倒確是些右派工會工人，充當公安局的走狗，幹着搜索、逮捕左派工人的勾當。

> 從魯迅的評語中，只能感到一種近乎冷峻、陰暗和絕望的東西。我只有默默地聽着，而找不到一句安慰的言語。

◎ 廖立峨（前左）、許廣平、魯迅、何春才（後右）四人合影

五四　留別廣州

　　廖立峨，廣東興寧人。原為廈門大學學生，1927 年 1 月隨魯迅轉學中山大學。何春才是廖立峨的朋友，因為廖立峨的關係和魯迅有一些交往。這張照片是魯迅離開廣州前的合影留念。

　　關於這廖立峨還有一點餘聞，1928 年魯迅家住在上海景雲里的時候，他與他的妻子到上海，寄寓魯迅家中。魯迅在《三閒集．序言》中說：「這時候，有一個從廣東自云避禍逃來，而寄住在我的寓裡的廖君，也終於忿忿的對我說道：『我的朋友都看不起我，不和我來往了，說我和這樣的人住在一處。』」這「廖君」就是他。他住在魯迅家，對人說，他是來給魯迅做兒子的，對魯迅需索不斷。章錫琛有一篇《魯迅先生的「義子」》敍述這事頗為詳細，這人的最後一次需索是要一千多塊錢回去買田，據章錫琛的這篇文章說：

　　　　魯迅先生向他說：「我自己沒有飯吃，卻拿錢出來給人家去買田，你以為我該這樣做麼？況且，我從哪裡去弄到這些錢呢？」他說：「先生一年收入幾萬塊錢的版稅，何在這區區千數塊錢；只要肯，有甚麼弄不到？」這次，魯迅先生卻嚴屬地回答了：「我不肯。」

　　這事在魯迅 1928 年 8 月 24 日的日記裡有記載：「立峨回去，索去泉一百二十，並攫去衣被什器十餘事。」

◎ 魯迅、許廣平和蔣徑三合影

五五　留別廣州之二

　　魯迅向中山大學辭職以後，還是住在廣州。那時政治形勢十分複雜緊張，他明白：倘若他一出中山大學即離廣州，是會有政治上的風險的。他在《答有恆先生》中沉痛地説：

> 　　我的一種妄想破滅了。我至今為止，時時有一種樂觀，以為壓迫，殺戮青年的，大概是老人。這種老人漸漸死去，中國總可比較地有生氣。現在我知道不然了，殺戮青年的，似乎倒大概是青年，而且對於別個的不能再造的生命和青春，更無顧惜。如果對於動物，也要算「暴殄天物」。我尤其怕看的是勝利者的得意之筆：「用斧劈死」呀，⋯⋯「亂槍刺死」呀⋯⋯我其實並不是急進的改革論者，我沒有反對過死刑。但對於凌遲和滅族，我曾表示過十分的憎惡和悲痛，我以為二十世紀的人群中是不應該有的。斧劈槍刺，自然不説是凌遲，但我們不能用一粒子彈打在他後腦上麼？結果是一樣的，對方的死亡。但事實是事實，血的遊戲已經開頭，而角色又是青年，並且有得意之色。我現在已經看不見這齣戲的收場。

　　在魯迅決定離開廣州而還沒有成行的這幾個月裡，他利用這段時間整理編定了幾種著譯，其中有《野草》《朝花夕拾》。1929年5月2日到30日，他整理了《小約翰》的譯稿。這以後，他又編定了《唐宋傳奇集》。蔣徑三是中山大學圖書館館員，魯迅在輯錄並考證《唐宋傳奇集》的工作中曾經託他借閱有關資料。

　　在廣州，再沒有甚麼事情要辦了。9月27日，魯迅和許廣平登上太古公司「山東」號客輪，前往上海。在《三閒集・序言》中，魯迅説：「我是在二七年被血嚇得目瞪口呆，離開廣東的。」

上海及北平

◎ 六人合影。前左起：周建人、許廣平、魯迅，後左起：孫福熙、林語堂、孫伏園

五六　魯迅和許廣平到了上海

　　10月3日魯迅和許廣平到達上海，開始了共同生活。第二天，他們和來賀喜的周建人、林語堂、孫伏園、孫福熙四人一起照了一張相，從此公開了他同許廣平的關係。這張照片是可以作為結婚紀念照來看的。

　　他們定居上海寶山路東橫浜路景雲里23號不久，魯迅意外地得到了一項穩定的收入。事情是這樣的：中華民國大學院任命蔡元培為院長。蔡元培決定設特約著作員，延聘國內在學術上有貢獻而不兼有給職者充之，聽其自由著作，每月酌送補助費。魯迅被列名於第一批特約著作員之中。12月18日，他就收到大學院送來的聘書和本月薪水三百元。從此他每月都有這三百元的固定收入。直到1931年12月朱家驊出任教育部長，他的這項名義和收入才被裁撤。在這兩年又一個月的時間裡，魯迅每個月有這三百元的收入為基數，再加上版稅和稿費收入，這個小家庭的日子也就可以過得去了。

　　1929年，許廣平寄錢資助老友常瑞麟，並且請她不要過意不去。許廣平在給常瑞麟的信裡報告了自己家庭的經濟情況，也談到了這筆特約著作員的收入。信中說：

　　　　到滬以來，他著書，我校對，北新校對，即幫他所作，其實也等於私人助手，以此收入，足夠零用，其餘生活費，則他在南京有事（不須到）月可三百，每月北新板（版）稅，亦有數百（除北京家用）共總入款，出入還有餘裕，則稍為存儲於銀行，日常生活，並不浪揮，我穿着如你所見，所以不感入不敷出之苦。

◎ 魯迅赴光華大學講演

五七　魯迅赴一些大學講演

魯迅到上海以後，一些學校請他去教課，他謝絕了。只是應一些學校之請去講演。他先後到上海勞動大學、上海立達學園、大夏大學、上海暨南大學、上海復旦實驗中學、上海大陸大學等學校講演。

1929 年 12 月 21 日魯迅到上海暨南大學講《文藝與政治的歧途》，魯迅説：

> 我每每覺到文藝和政治時時在衝突之中，文藝和革命原不是相反的，兩者之間，倒有不安於現狀的同一。惟政治是要維持現狀，自然和不安於現狀的文藝處在不同的方向。

魯迅還説：

> 在革命的時候，文學家都在做一個夢，以為革命成功將有怎樣怎樣一個世界；革命以後，他看看現實全不是那麼一回事，於是他又要吃苦了。照他們這樣叫，啼，哭都不成功；向前不成功，向後也不成功，理想和現實不一致，這是注定的命運；⋯⋯所以以革命文學自命的，一定不是革命文學，世間那有滿意現狀的革命文學？除了吃麻醉藥！蘇俄革命以前，有兩個文學家，葉遂寧和梭波里，他們都謳歌過革命，直到後來，他們還是碰死在自己所謳歌希望的現實碑上。

這是 1929 年 11 月 16 日魯迅赴光華大學講演時的照片。

◎ 海嬰一百天

五八　兒子海嬰出生了

　　魯迅和許廣平組建了一個新的家庭，在北平的友人韋素園寫信來問「新生活」的情況。魯迅覆信說：

　　　　我近來總是忙着看來稿，翻譯，校對，見客，一天都被零碎事化去了。經濟倒還安定的，自從走出北京以來，沒有窘急過。……不過我的「新生活」，卻實在並非忙於和愛人接吻，遊公園，而苦於終日伏案寫字，晚上是打牌聲，往往睡不着，所以又很想變換變換了，不過也無處可走，大約總還是在上海。

　　他們的家庭生活，從樓適夷於 1973 年 7 月 11 日致黃源的信中可見一斑：

　　　　我想這件事最有發言權的，應該是雪峰，即使許廣平不死，她對許多事也不會比雪峰知道多些，除非家事。因先生在世之日，是不大願意讓許參加對外活動的。許在滬曾參加過國民黨市黨部辦的婦女刊物，是個愛活動的人，是先生阻止了她才不去。又如朋友們請魯迅先生吃飯，同時邀請了許，先生還是不帶她出來。有一次我去面邀，先生同我一起出門，我要許同行，先生說她是看孩子的，不會社交，即可想見。陳賡同志訪問先生，她就在另一室，談話吃飯，都未參加。她寫的那本回憶，就有一些錯誤，是我在編閱過程發覺提出請她修改的。所以即使她說過芸生即秋白，此言亦未必可靠。

　　1929 年 9 月 27 日他們的兒子海嬰出生，海嬰一百天，他們照了一張相。

◎ 1946 年初，郭沫若在重慶

五九 「封建餘孽」

　　魯迅到上海不久，突然受到創造社出版物的攻擊，1928年1月《文化批判》創刊號上，馮乃超發表論文《藝術與社會生活》，評論魯迅說：

　　　　魯迅這位老生──若許我用文學的表現──是常從幽暗的酒家的樓頭，醉眼陶然地眺望窗外的人生。世人稱許他的好處，只是圓熟的手法一點，然而，他不常追懷過去的昔日，追悼沒落的封建情緒，結局他反映的只是社會變革期中的落伍者的悲哀，無聊賴地跟他弟弟說幾句人道主義的美麗的說話。隱遁主義！好在他不效 L. Tolstoy 變作卑污的說教人。

　　1928年8月10日的《創造月刊》第二卷第一期上發表了郭沫若化名杜荃的《文藝戰線上的封建餘孽》，文中批評魯迅說：

　　　　魯迅先生的時代性和階級性，就此完全決定了。

　　　　他是資本主義以前的一個封建餘孽。

　　　　資本主義對於社會主義是反革命，封建餘孽對於社會主義是二重的反革命。

　　　　魯迅是二重的反革命的人物。

　　　　以前說魯迅是新舊過渡期的遊移分子，說他是人道主義者，這是完全錯了。

　　　　他是一位不得志的 Fascist（法西斯諦）！

◎ 聖彼得堂

六〇　加入「中國自由運動大同盟」

　　1928 年的共產國際第六次大會提出了「第三時期」的新理論，以為第一次世界大戰之後資本主義制度總危機分三個時期：1918年至 1923 年為資本主義發展的第一時期；1923 年開始，為資本主義局部穩定的第二時期；1928 年起，世界已進入資本主義體系總危機的第三時期，即生產力發展和市場萎縮之間的矛盾特別激化，是各帝國主義國家間新一輪帝國主義戰爭、帝國主義反對蘇聯的戰爭、反對帝國主義和帝國主義干涉的民族解放戰爭以及巨大階級搏鬥必然爆發的時期。大會要求共產國際的各個支部，也就是各國的共產黨，應該準備迎接革命高潮的到來。

　　中國共產黨的李立三不遺餘力貫徹這個新理論，採取了許多措施。一項措施是組織中國自由運動大同盟，魯迅被列名為發起人之一。1930 年 2 月 13 日魯迅到聖彼得堂出席了秘密舉行的「中國自由運動大同盟」的成立大會。馮雪峰後來在一封信中說：

　　　　自由——同盟是立三路線開始抬頭時搞的。潘漢年大概是主要負責人。據我記憶，只發過一個宣言，似乎並未以它的名義做過甚麼事，並無地址，這是立三路線的一種做法。魯迅先生實際上是不贊成這種做法的，他對我說過這種意思的話：「發過宣言之外，是無法做甚麼事的。」

　　自由大同盟在 3 月間組織了幾回演講會之後，即不再有甚麼活動，無形解體了。

◎ 中華藝術大學

六一　加入中國左翼作家聯盟

　　李立三的另一項措施是成立中國左翼作家聯盟（以下簡稱「左聯」）。他要求創造社、太陽社的黨員停止對魯迅的進攻，團結魯迅，建立一個統一的革命作家組織，並且用擁戴魯迅為左翼作家的領袖這種辦法來團結魯迅。1929年底，產生了所謂基本構成員十二人：魯迅、鄭伯奇、蔣光慈、馮乃超、彭康、夏衍（沈端先）、阿英（錢杏邨）、柔石、沈起予、洪靈菲、陽翰笙和馮雪峰。這也就是發起人和籌備人的意思。

　　1930年3月2日左聯成立大會是在北四川路竇樂安路（今多倫路）中華藝術大學一個教室裡開的。到會的有三十多人。潘漢年代表黨先講話。魯迅講了話——《對於左翼作家聯盟的意見》。在這篇講話中，魯迅對左翼作家説：

　　　　倘不明白革命的實際情形，也容易變成「右翼」。革命是痛苦，其中也必然混有污穢和血，決不是如詩人所想像的那般有趣，那般完美；革命尤其是現實的事，需要各種卑賤的，麻煩的工作，決不如詩人所想像的那般浪漫；革命當然有破壞，然而更需要建設，破壞是痛快的，但建設卻是麻煩的事。所以對於革命抱着浪漫諦克的幻想的人，一和革命接近，一到革命進行，便容易失望。

　　魯迅在1930年3月27日致章廷謙的信中説了自己的心情：

　　　　我十年以來，幫未名社，幫狂飆社，幫朝花社，而無不或失敗，或受欺，但願有英俊出於中國之心，終於未死，所以此次又應青年之請，除自由同盟外，又加入左翼作家聯盟，於會場中，一覽了薈萃於上海的革命作家，然而以我看來，皆茄花色，於是不佞勢又不得不有作梯子之險，但還怕他們尚未必能爬梯子也。哀哉！

◎ 李立三 1931 年像

六二　會見李立三

1930 年 5 月 7 日晚間，魯迅應約到上海西藏路的爵祿飯店去同李立三談過一次話。

陪同魯迅前往的馮雪峰寫過一篇《關於李立三約魯迅談話的經過》，其中說：

> 李立三約魯迅談話的目的，據我了解，是希望魯迅公開發表一篇宣言，表示擁護當時立三路線的各項政治主張。李立三在談話中曾經提到當時法國作家巴比塞，因為巴比塞不久前曾經發表過宣言（《告知識階級書》*Manifeste aux Intellectuels*），意思是希望魯迅也這樣做。魯迅沒有同意，他認為中國革命是不能不長期的、艱巨的，必須「韌戰」「持久戰」。他表示他不贊成赤膊打仗，說在當時那樣的時候還應多採用「壕溝戰」「散兵戰」「襲擊戰」等戰術。
>
> 在我印象中，他們談話的要點就是這樣。談話的時間約四五十分鐘。……（李立三提到希望魯迅發表一個宣言和提到巴比塞，我是記憶得確實的；魯迅說中國革命艱巨，不能不長期的，他不贊成赤膊打仗，以及「韌戰」「持久戰」「壕溝戰」「襲擊戰」等，我也是記得確實的。）
>
> 當晚回到魯迅家中的時候，記得魯迅還說過這樣意思的話：「我們兩人（指他和李立三）各人談各人的。要我像巴比塞那樣發表一個宣言，那是容易的；但那樣一來，我就很難在中國活動，只得到外國去住起來做『寓公』，個人倒是舒服的，但對中國革命有甚麼益處！我留在中國，還能打一兩槍，繼續戰鬥。」

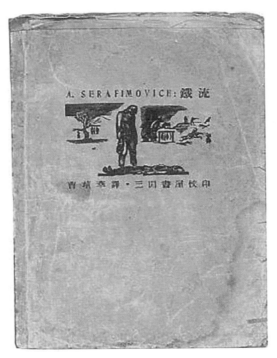

◎《鐵流》封面

六三 主編《現代文藝叢書》

1930 年上半年，神州國光社約請魯迅編輯一種收羅蘇聯文藝作品叢書《現代文藝叢書》，他就選出十種世界上早有定評的劇本和小說，約好譯者分別翻譯。其中有魯迅自己翻譯的 A. 雅各武萊夫作《十月》及 A. 法捷耶夫作《毀滅》、柔石譯的 A. 盧那卡爾斯基作《浮士德與城》、曹靖華譯的 A. 綏拉菲摩維支作《鐵流》等。計劃正在進行中，因為國民黨政府的文禁越來越厲害，神州國光社聲明將舊約作廢，已經交去的當然收下，但尚未動手或譯得不多的其餘六種，卻千萬勿再進行了。魯迅於是通知譯者們停譯。

曹靖華遠在蘇聯，魯迅沒有通知他停譯。他翻譯的《鐵流》已於五一節前一日譯完將譯稿掛號寄給魯迅了。接着是找插畫，譯註解，並把作者的一篇《我怎麼寫〈鐵流〉的》也譯出作為附錄。原書還有涅拉陀夫的一篇長序，曹靖華因為忙於授課，來不及譯出，魯迅請瞿秋白譯出補在書中。

因為神州國光社已經將舊約作廢，魯迅只得用三閒書屋名義自費出版。他在「後記」中說：

> 我們這一本，因為我們的能力太小的緣故，當然不能稱為「定本」，但完全實勝於德譯，而序跋，註解，地圖和插畫的周到，也是日譯本所不及的。只是，待到攢湊成功的時候，上海出版界的情形早已大異從前了：沒有一個書店敢於承印。在這樣的岩石似的重壓之下，我們就只得宛委曲折，但還是使她在讀者眼前開出了鮮豔而鐵一般的新花。

◎ 魯迅五十歲紀念酒會照相

六四　魯迅五十歲紀念酒會

　　1930 年 9 月 17 日，因為魯迅進五十歲了，「左聯」的朋友們舉行酒會給他祝壽，地點在「蘇臘巴亞」餐室（在法租界呂班路和陶爾斐司路轉角處，即現在的重慶南路 50 號）。魯迅 9 月 17 日日記記着：「友人為我在荷蘭西菜室作五十歲紀念，晚與廣平攜海嬰同往，席中共二十二人，夜歸。」這二十二人，姓名可考的至少有柔石、董紹明、蔡詠裳、馮雪峰、李求實、馮鏗、田漢、洪深、馮乃超、葉聖陶、傅東華、茅盾和美國記者史沫特萊。酒會是託史沫特萊出面同荷蘭西菜室的外國老闆洽談的。那天，史沫特萊、董紹明和蔡詠裳警惕地站在門口，注視着客人們來的那條長長的馬路。在前面馬路交叉路口近旁一家店門口的台階上，也有另外的人在「放哨」，以保證安全。據後來馮雪峰答覆包子衍詢問的信中所說，那天也「沒有甚麼儀式，只請魯迅先生坐在草坪上由史沫特萊照了一個相，吃飯時願意說話的起來講過幾句話」。

　　1930 年 9 月 20 日魯迅在致曹靖華的信中說：

　　　　前幾天有幾個朋友給我做了一回五十歲的紀念，其實是活了五十年，成績毫無，我惟希望就是在文藝界，也有許多新的青年起來。

◎ 李求實

六五　李求實之死

　　1931 年 2 月 7 日，左聯成員李求實、柔石、殷夫、馮鏗和胡也頻被殺，號稱左聯五烈士。

　　他們的死，牽涉到中共黨史上的一件大事。1931 年 1 月 7 日，共產國際在上海秘密召開中共六屆四中全會，把在莫斯科訓練出來的忠實代理人王明提為中國共產黨的領導人。一些幹部，如何孟雄、林育南、李求實等人表示反對，1931 年 1 月 17 日，他們在東方飯店開會討論。李求實把同意他意見的柔石、殷夫、馮鏗和胡也頻找去一起開會。會議由何孟雄主持。他們不知道，整個會場已經被大隊英租界工部局老閘捕房巡捕及五十餘名中國政府便衣警探包圍了。當大家開完會正要撤退的時候，就全都被捕了。

　　李求實（1903—1931），即李偉森，湖北武昌人。擔任過共青團中央宣傳部部長、南方局書記和團中央機關刊物《中國青年》主編。1929 年到中共中央宣傳部工作，創辦黨報《上海報》。1930 年 9 月 17 日，「左聯」的朋友們在荷蘭西菜室小聚，慶祝魯迅五十壽辰，李偉森也到場了。史沫特萊在《記魯迅》一文裡記下了他的到場：

　　　　在他之後發言的便是《上海報》的編輯，從他的報告中，
　　我第一次聽到了紅軍如何生長和農民們「秋收暴動」等事實的
　　真相，這些農民們先和地主們展開戰鬥，然後小溪匯入巨川似
　　的大批大批的參加了紅軍。
　　這裡說的《上海報》的編輯，就是李求實。

◎ 柔石

六六　柔石之死

在「左聯五烈士」中，同魯迅關係最深的是柔石。柔石是趙平復的筆名。他原名趙平福（1902—1931）。浙江寧海人。趙家很窮，柔石到十歲才入小學。1918 年秋天，他考取了杭州的浙江省立第一師範。1921 年，浙江一師一些愛好新文學的師生，還有校外的友人，組織了一個文學團體晨光社，柔石是社員之一。其他社員有朱自清、葉紹鈞、馮雪峰、潘漠華、魏金枝等。

1925 年 2 月，柔石到了北京。曾經在北京大學旁聽過魯迅講授中國小說史。1928 年柔石到上海不久，就和魯迅合作組織了一個朝花社。目的是介紹東歐和北歐的文學，輸入外國的版畫，印行《朝花旬刊》《近代世界短篇小說集》《藝苑朝花》。《語絲》週刊原在北京出刊，1927 年 10 月被張作霖封禁，12 月移至上海出版，開始由魯迅擔任編輯，後來魯迅推舉柔石接替。柔石的中篇小說《二月》出版，魯迅為它寫了「小引」。

1930 年 2 月中國自由運動大同盟成立，魯迅與柔石、郁達夫等五十人列名為發起人。柔石和魯迅一起參與了籌備左聯的活動，左聯成立之後，他擔任常務委員、編輯部主任。5 月，參加中國共產黨。同時以左聯代表資格出席全國蘇維埃區域代表大會。

1931 年 1 月 15 日夜間，柔石和魯迅見了最後一面。17 日他就被捕了，2 月 7 日被殺。

魯迅想起他，說：「他和我一同走路的時候，可就走得近了，簡直是扶住我，因為怕我被汽車或電車撞死，我這面也為他近視而又要照顧別人擔心，大家都蒼（倉）皇失措的愁一路，所以倘不是萬不得已，我是不大和他一同出去的。」魯迅評論他：「無論從舊道德，從新道德，只要是損己利人的，他就挑選上，自己揹起來。」

◎ 殷夫

六七　殷夫之死

　　殷夫（1909—1931），本名徐柏庭，上學時名徐祖華，筆名還有徐白、白莽、沙菲、洛夫、任夫等。浙江象山人。上中學時和革命運動開始發生關係。1927年「四一二」政變，他第一次被捕。被囚禁三個月後由大哥保釋出獄。之後殷夫成了太陽社社員，經常在《太陽月刊》《拓荒者》等刊物上發表詩作。在魯迅和郁達夫合編的《奔流》月刊上，也刊登了他翻譯的裴多菲的詩歌和行狀。他同魯迅的聯繫也是這時候建立起來的。1928年秋天他第二次被捕了。大哥再次把他保了出來。他參加了共青團工作，參加了《列寧青年》的編輯，並從事工人運動，寫過不少這方面的論文。

　　他於1931年1月17日被捕，2月7日被殺。1936年3月10日，魯迅為白莽的詩集《孩兒塔》寫了一篇序言，序言說：

　　　　他們就義了已經足有五個年頭了，我的記憶上，早又蒙上許多新鮮的血跡；這一提，他的年青的相貌就又在我的眼前出現，像活着一樣，熱天穿着大棉袍，滿臉油汗，笑笑的對我說道：「這是第三回了。自己出來的。前兩回都是哥哥保出，他一保就要干涉我，這回我不去通知他了。」……

　　　　一個人如果還有友情，那麼，收存亡友的遺文真如捏着一團火，常要覺得寢食不安，給它企圖流佈的。這心情我很瞭然，也知道有做序文之類的義務。……

　　　　這《孩兒塔》的出世並非要和現在一般的詩人爭一日之長，是有別一種意義在。這是東方的微光，是林中的響箭，是冬末的萌芽，是進軍的第一步，是對於前驅者的愛的大纛，也是對於摧殘者的憎的豐碑。一切所謂圓熟簡練，靜穆幽遠之作，都無須來作比方，因為這詩屬於別一世界。

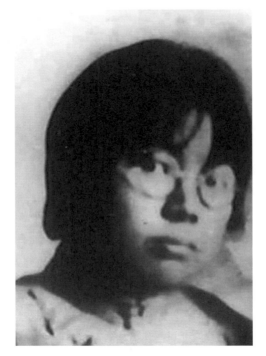

◎ 馮鏗

六八　馮鏗之死

馮鏗（1907—1931），廣東潮州人。父母親都是教師，1926年高中畢業，她當了小學教師。

1929年春天，她到上海進了持志大學。不久輟學。5月，加入中國共產黨。1930年3月左聯成立，她即加入，致力於普羅文學運動。5月，同柔石等人一道出席了全國蘇維埃區域代表大會。

共同的志趣使她很快同柔石接近起來。1930年10月14日她給柔石的信中說：「你把我的精神佔領了去！坦白地告訴你：十天以來，不，自看了你的《二月》以後，一種神秘的、溫馨的情緒縈繞着我差不多每一件事情，每一個時間空間，我的心裡總是充塞了這樣不可救藥的情緒，弄得自己簡直莫明其妙，好像完全轉換了另一個人！這就是戀愛麼？為甚麼呢？」

柔石同馮鏗一道去看望過魯迅。在魯迅的印象中：疑心她有點羅曼蒂克，急於事功；同時還感覺到她對柔石有很大的影響能力，柔石想要轉換作品的內容和形式，似乎就是出於她的主張。

馮鏗十分景仰魯迅。史沫特萊記載了1930年9月17日左聯在荷蘭西菜室為魯迅祝壽的情形。她這樣描述了馮鏗：

> 一個矮胖、短髮的年輕婦女接着談起發展無產階級文學的必要。她在結束談話時，籲請魯迅擔當起新成立的左翼作家聯盟和左翼美術家聯盟——後來成為中國文化總同盟的兩個創始組織——的保護者和「導師」。

最後，她和柔石一同被捕被殺了。

◎ 胡也頻

六九　胡也頻之死

　　在左聯五烈士裡，最早同魯迅有文字上的交往的，是胡也頻。胡也頻（1903—1931），福建福州人，幼年在私塾裡念過些《幼學瓊林》《論語》之類。十五歲，他在福州祥慎金舖做學徒。一天，舖子裡失落了一隻金戒指，懷疑是他偷了，逼他交出他並沒有拿的戒指，他因此蒙受了不白之冤。一個月之後，他恨恨地當真偷了一副很重的大金釧，悄悄地搭上船去了上海，進了上海浦東中學。一年後來到北京，和朋友合作編輯一種刊物，那就是1924年12月9日創刊的《民眾文藝週刊》，為《京報》附刊之一。

　　1925年2月2日《京報副刊》刊登了胡也頻寫的《雷峰塔倒掉的原因》（署名胡崇軒），引起魯迅寫了一篇《再論雷峰塔的倒掉》，發了一通大的議論。魯迅說：「無破壞即無新建設，大致是的；但有破壞卻未必即有新建設。」「凡這一種寇盜式的破壞，結果只能留下一片瓦礫，與建設無關。」「瓦礫場上還不足悲，在瓦礫場上修補老例是可悲的。我們要革新的破壞者，因為他內心有理想的光。」魯迅的這些議論是因也頻的文章而發。

　　後來胡也頻到濟南山東省立高中教書，不久得到了山東國民黨當局要抓他的消息，他當夜就搭車去青島，接着和妻子丁玲一同到了上海。這是在1930年5月。一到上海，胡也頻和丁玲立即參加了不久前成立的左聯，他被選為左聯的執行委員，擔任工農兵文學委員會的主席，出席了蘇維埃區域代表大會。他寫作也很勤。繼1929年寫的《到莫斯科去》之後，又寫了《光明在我們的前面》。他那一天也到荷蘭西菜室向魯迅祝壽了。1930年11月，胡也頻參加了中國共產黨。

◎ 魯迅和馮雪峰兩家

七〇　出刊紀念戰死者

　　為了紀念五位烈士的犧牲，1931 年 4 月 25 日，秘密發行的「左聯」機關刊物《前哨》創刊號就是「紀念戰死者專號」。在那恐怖的環境和恐怖的時刻，要出這樣一本刊物可真不容易。「左聯」的樓適夷和江豐兩人負責這本刊物印製的事。樓適夷回憶說：

　　　　稿子編好以後，首先遇到的是印刷問題。商業性的印刷所不敢承印這樣的秘密刊物，黨的地下印刷機關也不方便承擔這種群眾團體的印刷品。「左聯」的同志們通過各種關係找到了一個貪圖高利願接受這個印刷任務的上海白克路一家小印刷所的老闆。他的條件非常苛刻，不但要幾倍的排印費，而且不准印上報頭和照片，以免在印刷過程中引起外人的注目，發生危險；同時從排版到印成必須在一個晚上完成；排校完畢之後在印刷的過程中要有「左聯」的同志留在印刷所裡，以便中途發生情況有人出頭去頂；天沒有亮印好之後，還得把成品立刻搬走，不許在印刷所裡停留片刻。這些條件，「左聯」的同志一一都接受了，稿子便在一個春寒的漫漫的長夜中變成了刊物。

刊物上魯迅寫了篇《中國無產階級革命文學和前驅的血》說：

　　　　我們現在以十分的哀悼和銘記，紀念我們的戰死者，也就是要牢記中國無產階級革命文學的歷史的第一頁，是同志的鮮血所記錄，永遠在顯示敵人的卑劣的兇暴和啟示我們的不斷的鬥爭。

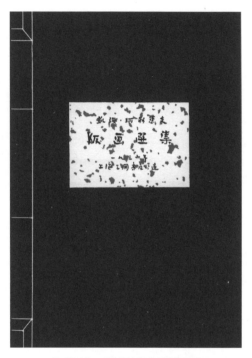

◎《凱綏・珂勒惠支版畫選集》封面

七一　介紹凱綏‧珂勒惠支版畫

　　凱綏‧珂勒惠支（1867—1945）是德國女版畫家和雕刻家。她的作品反映了人民的苦難和抗爭。魯迅很喜愛她的作品。他和柔石辦的朝花社曾經有意介紹她的作品，去訂購了她的版畫集。可是不久柔石就遇難了。左聯的刊物《北斗》要創刊，向魯迅徵稿，他便將珂勒惠支的木刻畫《犧牲》送去，算是無言的紀念。魯迅自己說：

　　　　一九三一年——我忘了月份了——創刊不久便被禁止的雜誌《北斗》第一本上，有一幅木刻畫，是一個母親，悲哀的閉了眼睛，交出她的孩子去。這是珂勒惠支教授（prof. Käthe Kollwitz）的木刻連續畫《戰爭》的第一幅，題目叫作《犧牲》；也是她的版畫紹介進中國來的第一幅。這幅木刻是我寄去的，算是柔石遇害的紀念。他是我的學生和朋友，一同紹介外國文藝的人，尤喜歡木刻，曾經編印過三本歐美作家的作品，雖然印得不大好。然而不知道為了甚麼，突然被捕了，不久就在龍華和別的五個青年作家同時槍斃。

　　1936年魯迅用三閒書屋名義出版了《凱綏‧珂勒惠支版畫選集》，收作品二十一幅。魯迅在序言中引用了羅曼‧羅蘭的評語說：「凱綏‧珂勒惠支的作品是現代德國的最偉大的詩歌，它照出窮人與平民的困苦和悲痛。這有丈夫氣概的婦人，用了陰鬱和纖穠的同情，把這些收在她的眼中，她的慈母的腕裡了。這是做了犧牲的人民的沉默的聲音。」魯迅說：

　　　　只要一翻這集子，就知道她以深廣的慈母之愛，為一切被侮辱和損害者悲哀，抗議，憤怒，鬥爭；所取的題材大抵是困苦，飢餓，流離，疾病，死亡，然而也有呼號，掙扎，聯合和奮起。

◎ 內山完造（左一）、林哲夫、魯迅、井上芳郎四人合影

七二　日本友人內山完造

　　魯迅到上海不久，就常到離住處很近的內山書店去買書。漸漸地就和書店老闆內山完造成了交往頻繁的朋友。後來魯迅在《偽自由書‧後記》中説：「至於內山書店，三年以來，我確是常去坐，檢書談話，比和上海的有些所謂文人相對還安心，因為我確信他做生意，是要賺錢的，卻不做偵探；他賣書，是要賺錢的，卻不賣人血。」內山書店也成了代魯迅收轉信件、約會朋友的一處地方。

　　魯迅 1930 年 8 月 6 日的日記説：「晚內山邀往漫談會，在功德林照相並晚餐，共十八人。」所記就是內山完造邀集的一次中日兩國文人的漫談會。

◎ 魯迅與一八藝社社員合影

七三　提倡木刻

　　魯迅提倡木刻藝術。1929年就與柔石等幾個人組織朝花社，出版了《藝苑朝花》五種，介紹歐洲的木刻，在青年人中間引起了反響，好些人學起木刻來。

　　1931年8月17日到22日，魯迅在上海長春路日語學校辦起一個暑期木刻講習班，請日本人內山嘉吉向十三個青年人講授木刻技法，並自任翻譯，為期一週。講習班學員十三人：陳廣、陳鐵耕、顧洪乾、周熙（即江豐）、黃山定、李岫石、胡仲特、倪煥之、鄭川谷、苗勃然、樂以鈞、鍾步卿、鄧起凡。

　　這以後，在魯迅的鼓勵和支持之下，出現了好些木刻團體，如木鈴社，曾印《木鈴木刻集》兩本；野穗社，曾印《木刻畫》一輯；無名木刻社，曾印《木刻集》。

　　此外尚有研究木刻的個人。如羅清楨，已出《清楨木刻集》二輯；如又村，已印有《廖坤玉故事》的連環圖。魯迅把他們的作品選送到外國去展覽。

　　魯迅還編印了《木刻紀程》，他在「小引」中說：

　　　　本集即願做一個木刻的路程碑，將自去年以來，認為應該流佈的作品，陸續輯印，以為讀者的綜觀，作者的借鏡之助。但自然，只以收集所及者為限，中國的優秀之作，是決非盡在於此的。

◎ 1931 年丁玲送兒子回湖南與母親合影

七四　魯迅和丁玲

在左聯成員裡，魯迅很看好丁玲。丁玲回憶說：

記得那時我在「左聯」，我們都是很愛他的，我們總不願拿些嚕嚕蘇蘇的事去麻煩他，不願把他的時間隨便用掉，所以每當舉行甚麼會議的時候，如果我們之中有誰說：「找不找老頭子來呢？」我們總是考慮了一下，常不去找他。但不是在會前，也必然在會後去告訴他一些情況，他也總給我們一些意見，有甚麼事必須要他辦的，他從不推辭就辦了。這時之所以不常找他開會，一方面是因為我們感到我們的會議中，實在有許多瑣瑣碎碎的甚麼工作計劃囉，工作檢查囉，我們不願意拿這些經常的瑣事麻煩他，一方面那時我們在上海要開一個人數較多的會，實在不容易佈置。但有些必要的會，那些我們認為最好魯迅先生要參加的會，他總是到會的。雖說我們常常擔心他不能按時到會，因為我們知道他是睡得很遲的，但他從不遲到。在開會的時候，他總是很平和地，精神集中地聽着，有時有些青年作家們常常愛發表一些大套的理論，彷彿這就是最重要的、最新的意見，語氣當中又是那麼含着教訓人的意味，說甚麼「你們這些老作家們……」，就是當這種時候，我也從沒有看見魯迅先生的任何一個表情上有甚麼不耐煩或不快。魯迅先生在這些會議上說話是不多的，他總是聽着，他也沒有反駁過誰，說誰是大錯特錯；也沒有批評過誰，說誰是左傾右傾。儘管有些人的意見是幼稚得可笑，但魯迅先生結果總是說：「我們要做起來，我們要一點一點做起來，我們就照着這些意見切實地做吧。」……魯迅先生總是毫不介意地笑了笑，接着他就同我們談起那些應該如何具體去着手的工作了。

◎ 李鏡東

七五　給《蘇聯聞見錄》寫序

　　李鏡東是莫斯科中山大學的學生。他用「林克多」這個筆名寫了一本《蘇聯聞見錄》，後把手稿送請魯迅給它寫序。魯迅說：「因為我的辨認草字的力量太小的緣故，看下去很費力，但為了想看看這自說『為了吃飯問題，不得不去做工』的工人作者的見聞，到底看下去了。」序言說：

　　　　作者彷彿對朋友談天似的，不用美麗的字眼，不用巧妙的做法，平鋪直敘，說了下去，作者是平常的人，文章是平常的文章，所見所聞的蘇聯，是平平常常的地方，那人民，是平平常常的人物，所設施的正是合於人情，生活也不過像了人樣，並沒有甚麼希（稀）奇古怪。倘要從中獵豔搜奇，自然免不了會失望，然而要知道一些不搽粉墨的真相，卻是很好的。

　　　　而且由此也可以明白一點世界上的資本主義文明國之定要進攻蘇聯的原因。工農都像了人樣，於資本家和地主是極不利的，所以一定先要殲滅了這工農大眾的模範。蘇聯愈平常，他們就愈害怕。……將「宗教，家庭，財產，祖國，禮教……一切神聖不可侵犯」的東西，都像糞一般拋掉，而一個簇新的，真正空前的社會制度從地獄底裡湧現而出，幾萬萬的群眾自己做了支配自己命運的人。這種極平常的事情，是只有「匪徒」才幹得出來的。該殺者，「匪徒」也。

　　雖然魯迅並不怎麼了解蘇聯的情況，但是他的這篇序言和他不久以後寫的《我們不再受騙了》都是熱情讚頌蘇聯，全面為蘇聯辯護的文章。

◎ 北京師範大學的露天演講

七六 「北平五講」

1932 年 11 月間，魯迅因為探視母親的病到北平去了一趟。在北平期間，曾經應邀在北京大學第二院（馬神廟校區）、輔仁大學、女子文理學院、北京師範大學、中國大學做了五次公開演講，這就是有名的「北平五講」。

11 月 27 日，星期日，魯迅到北京師範大學演講。演講現場的場景，王志之在《魯迅印象記》中有詳細記述：

> 人們立刻把那間大屋塞滿了，板凳上，窗台上，重重疊疊的堆起來，擠得一隙不剩。
>
> ……人們不由自主地擠攏來，老頭子滿腔的熱情已經同這一批瘋狂的群眾融成一片了。
>
> ……人們的心頭都充滿了一種特殊的感情，對於這位老頭子表示敬意並不由於虛偽的客氣，而是制止不住的發狂的親切。
>
> ……
>
> 講演的場所我們從第五教室臨時改到風雨操場……風雨操場那間寬敞的屋已經擠得水泄不通，窗沿上坐滿了人，還剩大批的群眾湧塞在大門口。……
>
> ……
>
> 「到外面去吧！露天講演！」
>
> ……老頭子向我點點頭，他同意了露天講演；但我卻遲疑起來了，心想：「老頭子受得了？這樣大的風！」
>
> ……操場壩中已經擺好了一張方桌，人山人海地包圍着在湧。
>
> 老頭子從人們的頭頂上抬上了方桌。
>
> 整整地繼續了好幾分鐘的鼓掌，講演開始了。

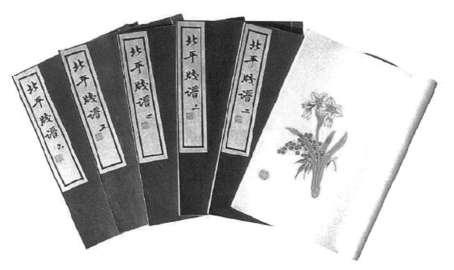

◎《北平箋譜》封面

七七　編印《北平箋譜》

　　1932 年 11 月間，魯迅在北平，除了照料母親治病、到學校講演、和老朋友宴聚這些事情之外，也忙裡偷閒遊遊廠甸，訪訪箋紙，他對在琉璃廠看到的木版彩色浮水印的箋紙頗為欣賞，於是起意編一部《北平箋譜》。1933 年 2 月 5 日他寫信給在北平的鄭振鐸，邀請他合作。信中説：

　　　　去年冬季回北平，在留黎廠得了一點箋紙，覺得畫家與刻印之法，已比《文美齋箋譜》時代更佳，譬如陳師曾、齊白石所作諸箋，其刻印法已在日本木刻專家之上，但此事恐不久也將銷沉了。

　　　　因思倘有人自備佳紙，向各紙舖擇尤（對於各派）各印數十至一百幅，紙為書葉形，采（彩）色亦須更加濃厚，上加序目，訂成一書，或先約同人，或成後售之好事，實不獨為文房清玩，亦中國木刻史上一大之紀念耳。

　　在魯迅的創意和鄭振鐸的合作之下，這部《北平箋譜》於 1933 年 12 月以版畫叢刊會的名義出版。1934 年 2 月 9 日魯迅寫信給鄭振鐸，談到將他們合編的《北平箋譜》分贈各國著名圖書館的事，信中説，「至於德意，則且待他們法西（斯）結束之後可耳」。他覺得，德國和意大利的法西斯統治是可以等待它結束的。意大利墨索里尼的法西斯統治的結束在 1943 年；德國希特拉的法西斯統治的結束在 1945 年。魯迅都沒有看到。這不要緊。他已經預料到這一天了。

◎ 畢斯凱來（萊）夫家的新居

七八　編印《引玉集》

1931 年魯迅託旅居蘇聯的曹靖華搜尋《鐵流》的木刻插畫，曹靖華來信說，這木刻版畫的定價頗不低，然而無須付。蘇聯的木刻家多說印畫莫妙於中國紙，只要寄些給他就好。魯迅於是買了許多中國的各種宣紙和日本的「西之內」和「鳥之子」，寄給曹靖華，託他轉致蘇聯的木刻家。於是換來了木刻家畢斯凱萊夫、克拉甫兼珂、法復爾斯基、保夫理諾夫、岡察洛夫、畢珂夫、莫察羅夫、希仁斯基、波查日斯基、亞歷克舍夫、密德羅辛等許多木刻家的許多作品。魯迅常常想：「這一種原版的木刻畫，至有一百餘幅之多。」

於是魯迅從其中選出六十幅來，1934 年初用三閒書屋的名義複製成書。魯迅在這書的後記中說：

但目前的中國，真是荊天棘地，所見的只是狐虎的跋扈和雉兔的偷生，在文藝上，僅存的是冷淡和破壞。而且，丑角也在荒涼中趁勢登場，對於木刻的紹介，已有富家贅婿和他的幫閒們的譏笑了。但歷史的巨輪，是決不因幫閒們的不滿而停運的；我已經確切的相信：將來的光明，必將證明我們不但是文藝上的遺產的保存者，而且也是開拓者和建設者。

他選了一幅《畢斯凱來（萊）夫家的新居》，說：

現在只好選印了一幅《畢斯凱來（萊）夫家的新居》在這裡，夫婦在燈下作工，床欄上扶着一個小孩子，我們雖然不知道他的身世，卻如目睹了他們的家庭。

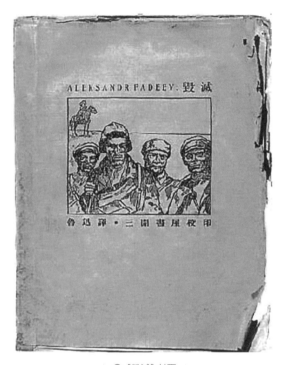

◎《毁灭》封面

七九　翻譯《毀滅》

魯迅很喜歡蘇聯法捷耶夫那本以國內戰爭為題材的長篇小説《毀滅》，並且動手把它翻譯過來。《萌芽》雜誌創刊，就開始連載魯迅的譯文（當時用的書名是《潰滅》）。在《萌芽》第一卷第四期上刊出的是小説的第二部一至三章，文末有一篇一千多字的譯者附記。附記對這部小説做了很高的評價，以為它「是用生命的一部分，或全部換來的東西，非身經戰鬥的戰士，不能寫出」。在這篇附記裡，魯迅談了自己對革命的認識：

> 倘若一切都四平八穩，勢如破竹，便無所謂革命，無所謂戰鬥。大眾先都成了革命人，於是振臂一呼，萬眾響應，不折一兵，不費一矢，而成革命天下，那是和古人的宣揚禮教，使兆民全化為正人君子，於是自然而然地變了「中華文物之邦」的一樣是烏托邦思想。革命有血，有污穢，但有嬰孩。這「潰滅」正是新生之前的一滴血，是實際戰鬥者獻給現代人們的大教訓。雖然有冷淡，有動搖，甚至於因為依賴，因為本能，而大家還是向目的前進，即使前途終於是「死亡」，但這「死」究竟已經失了個人底的意義，和大眾相融合了。所以只要有新生的嬰孩，「潰滅」便是「新生」的一部分。中國的革命文學家和批評家常在要求描寫美滿的革命，完全的革命人，意見固然是高超完善之極了，但他們也因此終於是烏托邦主義者。

1931年秋天，《毀滅》的單行本在上海大江書舖出版。後來毛澤東《在延安文藝座談會上的講話》裡提到的唯一的文學作品就是這本《毀滅》。那是他從馮雪峰送去的《魯迅全集》裡看到的。

◎ 瞿秋白和楊之華歸國前攝於莫斯科

八〇 「人生得一知己足矣」

瞿秋白當住處出現了險情的時候，曾經三次到魯迅家避難。第一次是在 1932 年 11 月下旬的一天，匆忙間他和楊之華逃到北四川路底魯迅家。正好碰上魯迅因為母親生病到北京探視還沒有回來，是由女主人許廣平接待的。幾天之後魯迅才回來。他們在這裡躲藏了一個月，警報解除，他們大約就在 12 月 24 日離開了魯迅家。現在已經知道：這天是陳雲到魯迅家去接他出來的。瞿秋白第二次避難到達魯迅家的日期，大約是在 1933 年 2 月 4 日到 9 日這幾天中間。3 月初，魯迅安排他們搬到同屬北四川路底的東照里一個亭子間住下來，在那裡住了三個月。瞿秋白大婦第三次到魯迅家避難，是 1933 年 7 月中旬的事。這一次他們在魯迅家只不過停留了幾天光景。

瞿秋白住在東照里期間，選編了一部《魯迅雜感選集》並且寫了序言。這篇《〈魯迅雜感選集〉序言》說：「是的，魯迅是萊謨斯，是野獸的奶汁所餵養大的，是封建宗法社會的逆子，是紳士階級的貳臣，而同時也是一些浪漫諦克的革命家的諍友！他從他自己的道路回到了狼的懷抱。」

「人生得一知己足矣，斯世當以同懷視之。」這是魯迅送給瞿秋白的對聯。

瞿秋白費了許多力氣提倡漢字拉丁化。他曾經草擬《新中國文草案》，內容包括緒言、新中國文字母表、新中國文聲母表、新中國文韻母表、拼音規則、書法大綱、文法規則、拼音和書法的說明、新中國文拼音表、漢字檢音表，等等，認為「最徹底的文字革命是十分必要的了」。魯迅深受他的影響，寫了《門外文談》《關於新文字》《中國語文的新生》等好幾篇宣傳文字改革的文章。

◎ 唐英偉作的木刻畫《二文盲》

八一　提倡新文字

　　魯迅在提倡木刻的同時，也提倡新文字，即所謂漢字拉丁化運動。這件事本來是瞿秋白提出來的，他費了許多力氣提倡漢字拉丁化，還草擬了《新中國文草案》。魯迅接受了瞿秋白的這個主張，寫了《門外文談》等好幾篇文章來宣傳。他們兩位都把中國人使用了幾千年的文字即方塊字，貶得很低，魯迅在《中國語文的新生》一文裡稱方塊字為「阻礙傳佈智力的結核」，必須廢除；而在《關於新文字》這篇文章裡又熱情稱讚拉丁化新文字，說：「這回的新文字卻簡易得遠了，又是根據於實生活的，容易學，有用，可以用這對大家說話，聽大家的話，明白道理，學得技藝，這才是勞苦大眾自己的東西，首先的唯一的活路。」這也是當年左翼文化界的一件大事。有木刻家願意為宣傳新文字運動做點貢獻，像唐英偉的這一幅《二文盲》，畫面上兩個身強體壯的成年文盲後面的傳單上的文字是「新文字運動」，就是宣傳文字改革的作品。

　　這裡順便說一下後來的情況。1954 年 12 月，國務院直屬的中國文字改革委員會成立，可以認為是新中國有意以國家之力來推動文字改革，設置專門機構來研究推行漢字拉丁化方案了。可是經過多年試驗研究也沒有結果，到了 1985 年 12 月 16 日，國務院決定將中國文字改革委員會改名為國家語言文字工作委員會，表示放棄了用拉丁化新文字取代方塊字的意圖。1998 年 3 月，國務院機構改革，把這個委員會併入教育部，只是對外保留其名稱，實際上已經不獨立存在了。這件事可以認為是最終放棄了文字改革的計劃了。當年魯迅瞿秋白他們提倡拉丁化，以及一些木刻家作畫為之鼓吹，都算是白費了力氣。

◎ 陳賡（斯諾攝）

八二　魯迅會見陳賡

　　1932 年秋末，魯迅在家裡接待了紅軍將領陳賡。陳賡是在 1932 年 9 月 5 日在新集西北胡山寨戰鬥中右腿膝蓋處負傷，10 月潛赴上海療傷的。一路上遇到幾次險情，到上海已經是 11 月初了。在上海，一些人聽他談起紅軍英勇和艱苦的鬥爭，很受感動，覺得是很好的文學素材，希望魯迅能據此寫出一部反映紅軍鬥爭的文學作品。於是馮雪峰安排了一次會見，讓樓適夷送他到魯迅家去談了一個下午，他們天黑了吃過晚飯才離開。

　　馮雪峰回憶説：「魯迅先生大概在心裡也醞釀過一個時候，因為那以後不久曾經幾次談起，他都好像準備要寫似的。別的話記不得，像下面這幾句，我還記得清楚的：『寫是可以寫的。』『寫一個中篇，可以。』『要寫，只能像《鐵流》似的寫，有戰爭氣氛，人物的面目只好模糊一些了。』」

　　因為魯迅自己沒有過軍伍和戰爭的生活經歷，與陳賡的一次談話，也不能使他得到足夠的感性材料，經過一些思考之後最終也沒有寫它。

◎ 楊杏佛

八三　參加民權保障同盟

　　1933 年新年前後，魯迅參加了中國民權保障同盟。先是 1931 年 6 月 15 日蘇聯情報人員牛蘭被捕，隨即開始了對他的營救活動。牛蘭本名雅科夫．馬特維耶維奇．魯德尼克，牛蘭是他在中國活動時的化名之一。出生於烏克蘭，蘇聯契卡（克格勃的前身）的工作人員。後被派遣來上海，擔任共產國際東方部遠東局的聯絡工作，負責管理秘密電台、交通及經費等事項，他又是泛太平洋產業同盟（紅色工會國際分支機構）上海辦事處秘書。共產國際信使約瑟夫在新加坡出事，被捕之後牽連到他，他和妻子就在上海公共租界他的住處被英國巡捕逮捕了。逮捕時在他住處搜查出大量文件，其中有足以作為顛覆中國政府罪證的材料。8 月 10 日由中國方面引渡，14 日押解南京，以「危害民國罪」受審。

　　為了營救牛蘭，7 月 11 日，成立了一個由宋慶齡、蔡元培、楊杏佛、斯諾等人組成的「牛蘭夫婦上海營救委員會」，由宋慶齡擔任主席。委員會做到了使司法當局允許牛蘭夫婦到南京鼓樓醫院就醫，死刑改判為無期徒刑。為了達到使牛蘭獲釋的目的，幾個月之後這個營救委員會改組成為「中國民權保障同盟」，成員增加了一些重量級的文化教育界名流，特別是吸收了一些政治色彩不太濃或者不太紅的名人，提高了它的影響力。共產國際決定由伊羅生分管中國民權保障同盟的事情，並要他編輯出版營救牛蘭的刊物《中國論壇》。「中國民權保障同盟」提出了釋放一切政治犯的要求，想要把牛蘭也作為政治犯一起釋放。魯迅參加了中國民權保障同盟，1933 年 1 月 17 日被舉為執行委員。

　　6 月 18 日，中國民權保障同盟總幹事楊杏佛被暗殺，魯迅不顧安危，為他送殯，出門不帶鑰匙，表示毫無倖免之心。此後中國民權保障同盟即停止活動，無形解體。

◎ 在宋慶齡家歡迎蕭伯納

八四　歡迎蕭伯納

　　1933 年 2 月 17 日愛爾蘭作家蕭伯納訪問上海。魯迅參加了歡迎活動。魯迅日記：「午後汽車賫蔡先生信來，即乘車赴宋慶齡夫人宅午餐，同席為蕭伯納、伊斯沫特列（史沫特萊）女士、楊杏佛、林語堂、蔡先生、孫夫人，共七人，飯畢照相二枚。同蕭、蔡、林、楊往筆社，約二十分後復回孫宅。」

　　照片中七個人，左起：史沫特萊、蕭伯納、宋慶齡、蔡元培、伊羅生、林語堂、魯迅。史沫特萊和伊羅生這兩個美國人這時都和魯迅是朋友。當時共產國際也很看好他們，安排他們做了中國民權保障同盟的執行委員。所以這回歡迎蕭伯納，也是中國民權保障同盟的一次活動。

　　不過後來共產國際不再看好這兩個美國人：認為伊羅生是托派，以後史沫特萊也不聯繫了。魯迅不知道這些，還是和他們來往。伊羅生編輯中國現代短篇小説選《草鞋腳》，就得到魯迅許多幫助，書中也選了魯迅好些作品。

◎ 魯迅和李濟之合影

八五　魯迅和李濟

　　1933 年 2 月 24 日魯迅日記：「午楊杏佛邀往新雅午餐，及林語堂、李濟之。」李濟之即李濟，歷史學家、考古學家。1924 年他們曾經同去西安講學，老朋友了。這時李濟正積極參與中國民權保障同盟北平分會的籌建工作，分會成立，他即為執行委員之一。

　　中國民權保障同盟北平分會還真是做了一些事情。他們視察了關押政治犯的反省院，要求改善政治犯的生活條件。不久之後，北平分會主席胡適對於中國民權保障同盟發表了一封偽造的政治犯呼籲書表示反對而被開除，北平分會也就自動散夥了。

◎ 郁達夫

八六　魯迅「甘為孺子牛」

魯迅的詩《答客誚》：

> 無情未必真豪傑，憐子如何不丈夫。
>
> 知否興風狂嘯者，回眸時看小於菟。

這裡的「客」就是魯迅的朋友郁達夫。郁達夫在《回憶魯迅》一文中說：

> 記得有一次，海嬰已經會得說話的時候了，我到他的書齋去的前一刻，海嬰正在那裡搗亂，翻看書裡的插畫。我去的時候，書本子還沒有理好。魯迅一見着我，就大笑着說：「海嬰這小搗亂，他問我幾時死；他的意思是我死了之後，這些書本都應該歸他的。」
>
> 魯迅的開懷大笑，我記得要以這一次為最興高采烈。

在答郁達夫的這首詩裡，魯迅並沒有爭辯說海嬰不會鬧，或者自己不溺愛，他爭辯的僅僅是：鍾愛兒子，並不妨礙做一個真豪傑和大丈夫。雲從龍風從虎，你看那號稱百獸之王的猛虎，不也有時候深情地回頭看一眼那小老虎嗎？後來魯迅將這首詩寫成條幅贈郁達夫，以答他之「誚」。

還有《自嘲》一詩中的「橫眉冷對千夫指，俯首甘為孺子牛」一聯中的「孺子」說的就是海嬰。蔣路的一篇文章說：「毛主席認為『俯首甘為孺子牛』中的『孺子』係指無產階級和人民大眾，雪峰同志承認這是『一個天才的解釋』，但魯迅先生的本意只是指海嬰。」

◎ 馮雪峰

八七　那些書「不必看了」

　　馮雪峰是魯迅晚年交往最多的朋友。許廣平在《魯迅和青年們》一文中，這樣記述了他們交談的情景：

　　　　敲門聲響，他來了，一來就忙得很。《萌芽》《十字街頭》《前哨》等刊物的封面、內容固然要和先生商討，要先生幫忙。甚至題目也常是他出好指定，非做不可的。有時接受了，有時則加以拒絕。走出了，往往在晨二三時。然後先生再打起精神，做豫（預）約好的工作，直到東方發亮，還不能休息。這工作多超過先生個人能力以上，接近的人進忠告了。先生說：「有甚麼法子呢？人手又少，無可推委（諉）。至於他，人很質直，是浙東人的老脾氣，沒有法子。他對我的態度，站在政治立場上，他是對的。」……有時聽聽他們談話，覺得真有趣。F（指馮雪峰）說：「先生，你可以這樣這樣的做。」先生說：「不行，這樣我辦不到。」F又說：「先生，你可以做那樣。」先生說：「似乎也不大好。」F說：「先生，你就試試看吧。」先生說：「姑且試試也可以。」於是韌的比賽，F目的達到了。

　　魯迅和馮雪峰合作編譯了一套《科學的藝術論叢書》，其中收入了魯迅翻譯的蘇聯的政策文件集《文藝政策》和盧那卡爾斯基的《文藝與批評》。魯迅說過，他是以竊火者的心情來翻譯這些書的：「我從別國裡竊得火來，本意卻在煮自己的肉的。」可是到了1936年2月19日，魯迅在答覆一位青年讀者夏傳經的信中說起《文藝與批評》和《文藝政策》這些書，屬於「皆較舊，失了時效，或不足觀，其實是不必看的」之列了。寫這封信之後八個月，魯迅就與世長辭了，這應該是他最後反思的結果。

尼古拉·果戈理的
詩　篇

死　魂　靈

一百圖

A·阿庚畫　　培爾那爾特斯基刻

三閒書屋翻印

19·文化生活出版社發行·36

◎《死魂靈一百圖》封面

八八　翻譯《死魂靈》

　　《死魂靈》是俄國作家果戈理的名著，它根據一個收買死魂靈（即已死但戶口尚未註銷的農奴），騙取押款的真實的詐騙案寫成。小說通過詐騙案作案人、帝俄文官乞乞科夫為了收買死魂靈遍訪某城四郊地主的故事，寫出了一系列俄國地主、貴族、官吏的栩栩如生的典型形象。

　　那時鄭振鐸正要為生活書店編輯大型文藝刊物《世界文庫》，他就約請魯迅為之翻譯《死魂靈》，在《世界文庫》上連載。魯迅自述過他翻譯時候的情形：

　　　　可恨我還太自大，竟又小覷了《死魂靈》，以為這倒不算甚麼，擔當回來，真的又要翻譯了，於是「苦」字上頭。仔細一讀，不錯，寫法的確不過平鋪直敘，但到處是刺，有的明白，有的卻隱藏，要感得到；雖然重譯，也得竭力保存它的鋒頭。裡面確沒有電燈和汽車，然而十九世紀上半期的菜單，賭具，服裝，也都是陌生傢伙。這就勢必至於字典不離手，冷汗不離身，一面也自然只好怪自己語學程度的不夠格。但這一杯偶然自大了一下的罰酒是應該喝乾的：硬着頭皮譯下去。

　　1936年魯迅還用三閒書屋的名義印了一本《死魂靈一百圖》。這書的原本是從舊書店買得，魯迅說：「這大約是十月革命之際，俄國人帶了逃出國外來的；他該是一個愛好文藝的人，抱守了十六年，終於只好拿它來換衣食之資；在中國，也許未必有第二本。藏了起來，對己對人，說不定都是一種罪業，所以現在就設法來翻印這一本書。」

◎ 鲁迅和姚克合影

八九　斯諾編譯的《活的中國》

　　斯諾在燕京大學兼任講師，同時在精通英文的中國作家姚克的合作之下翻譯魯迅的小說。1934 年 6 月 19 日魯迅日記：「姚克來並交施樂（即斯諾）君及其夫人信，即寫付作品翻譯及在美印行權證一紙。」斯諾得到了作者的授權。後來斯諾編譯的這本以《活的中國》為書名的現代中國短篇小說選，收了魯迅的《藥》《一件小事》《孔乙己》《祝福》《風箏》《論「他媽的！」》《離婚》等七篇。他人有作品入選的，有已經被殺的柔石，有正在獄中的丁玲，有剛從淪陷的東三省歸來的田軍（即蕭軍），此外還有茅盾、巴金、沈從文、孫席珍、林語堂、蕭乾、郁達夫、張天翼、郭沫若、沙汀等人。

　　魯迅在致鄭振鐸的一封信（1935 年 1 月 8 日）中寫下了他對斯諾的評價：

　　　　S 君是明白的。有幾個外國人之愛中國，遠勝於有些同胞自己，這真足叫人傷心。

　　魯迅日記最後一次記載斯諾，是 1936 年 4 月 26 日：「與廣平攜海嬰往卡爾登影戲院觀雜片。姚克、施樂同來，未見。」真是不湊巧，客人來訪，主人出去看電影去了，沒見着。

　　這次撲空的拜訪之後不久，斯諾就動身到陝北蘇區去了，會見了毛澤東等許多中國共產黨的領導人，寫了《紅星照耀中國》（又稱《西行漫記》），第一次向全世界報道了蘇區、紅軍和共產黨。他成了毛澤東的一位終生的朋友，是冷戰時代中美兩國之間一條聯繫的渠道。這些，當然都是魯迅身後的事情了。

　　這張魯迅和姚克的合影攝於 1933 年 5 月 26 日。

◎ 蕭軍和蕭紅合影

九〇 《八月的鄉村》和《生死場》

　　從淪陷了的東北流浪到上海的青年作家蕭軍和蕭紅，寄小說稿給魯迅，請求幫助發表。魯迅很看重他們的文學才能，一時和他們交往相當密切，還把他們介紹給自己的朋友。他把蕭軍的小說《八月的鄉村》(初版時署名田軍)、蕭紅的小說《生死場》，編為「奴隸叢書」，為它經營出版。他在為《八月的鄉村》寫的序中說：

　　　人民在欺騙和壓制之下，失了力量，啞了聲音，至多也不過有幾句民謠。「天下有道，則庶人不議。」就是秦始皇隋煬帝，他會自承無道麼？百姓就只好永遠鉗口結舌，相率被殺，被奴。……但是，不知道是人民進步了，還是時代太近，還未湮沒的緣故，我卻見過幾種說述關於東三省被佔的事情的小說。這《八月的鄉村》，即是很好的一部，雖然有些近乎短篇的連續，結構和描寫人物的手段，也不能比法捷耶夫的《毀滅》，然而嚴肅，緊張，作者的心血和失去的天空，土地，受難的人民，以至失去的茂草，高粱，蟈蟈，蚊子，攪成一團，鮮紅的在讀者眼前展開，顯示着中國的一份和全部，現在和未來，死路與活路。凡有人心的讀者，是看得完的，而且有所得的。

魯迅在為《生死場》寫的序中說：

　　　……然而北方人民的對於生的堅強，對於死的掙扎，卻往往已經力透紙背；女性作者的細緻的觀察和越軌的筆致，又增加了不少明麗和新鮮。

193

◎ 孫用

九一 《勇敢的約翰》

當時杭州郵局的職員孫用，業餘從事翻譯工作。他回憶說：

> 我在一九二八年得到裴多菲的傑作《勇敢的約翰》的世界
> 語譯本，真所謂如獲至寶，立刻在一年左右的業餘時間中譯了
> 出來，那時魯迅先生正主編《奔流》，我就抄出了其中可以自成
> 片段的第二十六章寄去，接着又寄去了全詩。由於魯迅先生的
> 幫助，這個譯本終於在一九三一年出版；魯迅先生給我的一共
> 十四封信中，就有十封是關於《勇敢的約翰》的。

魯迅在《〈勇敢的約翰〉校後記》裡說：

> 這一本譯稿的到我手頭，已經足有一年半了。我向來原是
> 很愛 Petöfi Sändor 的人和詩的，又見譯文的認真而且流利，恰
> 如得到一種奇珍，計畫（劃）印單行本沒有成，便想陸續登在
> 《奔流》上，紹介給中國。

後來《奔流》停刊，魯迅將它介紹到上海湖風書店出版，並且
在「校後記」裡說：

> 這一篇民間故事詩，雖說事跡簡樸，卻充滿着兒童的天
> 真，所以即使你已經做過九十大壽，只要還有些「赤子之心」，
> 也可以高高興興的看到卷末。

◎ 増田渉

九二 「他由衷地愛着中國和中國人」

　　增田涉（1903—1977），日本的中國文學研究家。翻譯有魯迅的《中國小説史略》，著有《魯迅的印象》《中國文學史研究》等。1931年他在上海時，常到魯迅家中討論翻譯《中國小説史略》中的問題。

　　1931年6月2日，內山完造在功德林設宴，介紹來中國旅行的宮崎龍介、柳原燁子夫婦會見了魯迅和郁達夫。在座作陪的增田涉後來在他的《魯迅的印象》中追記下了當時談話的情形：

　　　　歌人柳原白蓮君從日本到上海時，因為想會見中國的文學家，由內山完造先生的照應，邀請了魯迅和郁達夫，在一個飯館裡見面，我也陪了席。那時，魯迅很說了些中國政治方面的壞話。白蓮君便說，那麼你討厭出生在中國嗎？他回答說，不，我認為比起任何國家來，還是生在中國好。那時我看見他的眼裡濕潤着。他說中國的壞話，正好象（像）父母在別人面前說自己的兒子：這傢伙很蠢，沒有辦法。原是愛極了的憎惡，別人是沒有覺察的。中國的政治家只知道做壞事，使國民受苦，儘管這樣，就是有很好的政治，也不願意接受別國的統治。那正跟自己的財產被放蕩的兒子所浪費沒有辦法，可是被別人浪費就不愉快一樣——他也說過這樣意思的話。那時，我懂得他是多麼愛着中國和中國人的。

　　　　他由衷地愛着中國和中國人。所以任何時候都思念着中國和中國人的將來。而對於將來，他顯得有些悲觀的看法。因此儘管特別憐愛現實的中國和中國人，卻不得不揮動叱咤的鞭子。

　　增田涉懂得，魯迅尖銳地談論中國的缺點，就是為了促使中國消除這些缺點。魯迅決不會認為如果中國的身上生了瘡，那麼，那瘡也是「紅腫之處，豔若桃花；潰爛之時，美如乳酪」的。魯迅的不滿於中國的現狀，正是他在時刻思考着中國和中國人的將來。

◎ 馬萊和瓦揚·古久里像

九三　遠東反戰會議

　　1933 年 9 月 30 日遠東反戰會議在上海秘密舉行，這次會議是共產國際佈置的，主題是反對日本帝國主義侵略中國。會議是在滬東大連灣路開的，由周文夫婦打扮成一對要定房子去結婚的未婚夫婦租了一幢房子，作為會場。國際派來了三個代表，一個是英國工黨的馬萊爵士；一個是瓦揚·古久里，法共機關報《人道報》主筆；一個是英國反戰委員會委員傑拉德·加米爾頓。中國的宋慶齡也是國際的代表。毛澤東、朱德和魯迅都被推為名譽主席團的成員。宋慶齡致開幕詞並做了中國反帝情況的報告；馬萊做了國際反帝反戰情況的報告；蘇區代表做了蘇區人民的反帝鬥爭情況的報告。會議一天開完，在當天傍晚全體代表都陸續安全地離開了會場。

　　魯迅沒有到會場去，但他十分關心和支持這會議，還按照共產國際關於這次會議「經費開支應靠募集當地的資金來解決」的指示捐了款。9 月 5 日魯迅日記：「晚見 Paul Vaillant-Couturier，以德譯本 *Hans-ohne-Brot* 乞其署名。」因為共產國際的駐中國的代表埃韋特是把這次會議交給伊羅生分管的，魯迅就是到北四川路天潼路伊羅生家會見了瓦揚·古久里。

　　這期間魯迅還去華懋飯店會見了馬萊。馬萊的房間在七樓，可是電梯工看了看魯迅衣着，不讓他上電梯。魯迅只好從電梯裡出來，沿着樓梯走上去。回來的時候，馬萊送他到電梯，誠懇親切地和他握手相別。那個開電梯的人大為驚詫，電梯中間一次沒停，一氣開下，到了樓下就搶先一步跳了出去。

◎ 曹白作的鲁迅木刻像

九四 「風暴正不知何時過去」

當時國民黨當局對左翼文化界進行了嚴厲鎮壓。有許多書店和報館收到了恐嚇信，信中說：「為特嚴重警告，對於赤色作家所作文字，如魯迅，茅盾，蓬子，沈端先，錢杏邨及其他赤色作家之作品，反動文字，以及反動劇評，蘇聯情況之介紹等，一律不得刊行，登載，發行。如有不遵，我們必以較對付藝華及良友公司更激烈更徹底的手段對付你們，決不寬假！」

魯迅在 1933 年 11 月 14 日致曹靖華的信中說：「此地對於作者，正在大加制裁，聞一切作品被禁者，有三十餘人，電影局及書店，已有被人搗毀，頗有令此輩自己逐漸餓死之意，出版界更形恐慌，大約此現象還將持續。」11 月 15 日致姚克的信中說：「近來報章文字，不宜切實，我的投稿，久不能登了。十二日藝華電影公司被搗毀，次日良友圖書公司被毀一玻璃，各書局報館皆得警告。……《偽自由書》已被暗扣，上海不復敢售，北平想必也沒有了。此後所作，又盈一冊（指《准風月談》），但目前當不復有書店敢印也。」11 月 20 日致鄭振鐸的信中說：「這一月來，我的投稿已被封鎖，即無聊之文字，亦在禁忌中，時代進步，諱忌亦隨而進步，雖『偽自由』，亦已不准。」11 月 25 日致曹靖華的信中說：「風暴正不知何時過去，現在是有加無已，那目的在封鎖一切刊物，給我們沒有投稿的地方。我尤為眾矢之的，《申報》上已經不能登載了，而別人的作品，也被疑為我的化名之作，反對者往往對我加以攻擊。各雜誌是戰戰兢兢，我看《文學》即使不被傷害，也不會有活氣的。」

木刻家曹白作的魯迅木刻像送去參加展覽會，也在送審的時候被抽去。

◎ 瞿秋白就義前像

九五　秋白之死

　　1933 年末，中央蘇區決定調瞿秋白去主持教育工作，瞿秋白就於 1934 年 1 月 7 日從上海動身赴瑞金。1 月 4 日魯迅日記記下了瞿秋白來辭行的事。瞿秋白於 2 月 5 日到達瑞金，就任了中華蘇維埃的教育人民委員。

　　這時候，中央蘇區正處在艱苦的第五次反「圍剿」戰爭之中。1933 年 9 月蔣介石以五十萬的兵力進攻中央蘇區，28 日攻佔黎川。1934 年 10 月初，興國、寧都、石城一線相繼失陷。眼看整個中央蘇區就要守不住了。中共中央和紅軍總部不得不從瑞金出發向西突圍，開始了歷史上所説的「二萬五千里長征」。瞿秋白沒有獲准隨隊突圍，留在原地堅持遊擊戰爭。在上海的魯迅還以為瞿秋白在長征軍中，1935 年 1 月 6 日他在寫給曹靖華的信中説：「它嫂平安，惟它兄僕僕道途，不知身體如何耳。」瞿秋白有個筆名叫「屈維它」，這「它嫂」就是楊之華了。

　　瞿秋白 1935 年 2 月 24 日在福建長汀縣濯田區水口鎮被敵軍俘獲。被俘之後，他隱瞞了自己的真實身份，化名林琪祥，寫信給魯迅，請魯迅設法營救。正當魯迅和楊之華商議如何着手營救的時候，壞消息傳來了：因為叛徒指認，瞿的真實身份暴露了，這也就沒有任何營救的可能了。5 月 22 日魯迅在致曹靖華的信中説：「它事極確，上月弟曾得確信，然何能為。這在文化上的損失，真是無可比喻。」

　　6 月 18 日上午十時，瞿秋白在長汀西門外羅漢嶺下被處死。為了紀念這一位亡友，魯迅用他一生最後的精力編印了兩卷瞿秋白文學譯文集《海上述林》。

◎ 1934 年胡風和妻子梅志

九六　兩個口號之爭

　　1935 年 7、8 月的共產國際第七次代表大會提出了「人民陣線」的理論，要求和各國資產階級政府合作反對法西斯，改變了1928 年共產國際第六次代表大會提出的「第三時期」的路線。根據這個新路線，王明起草了中國共產黨的《八一宣言》，號召全國人民團結起來，停止內戰、抗日救國，甚至宣言：只要國民黨軍隊停止進攻蘇區行動，只要任何部隊實行對日抗戰，不管過去和現在他們與紅軍之間有任何舊仇宿怨，不管他們與紅軍之間在對內問題上有任何分歧，紅軍不僅立刻對之停止敵對行動，而且願意與之親密攜手共同救國。表明這時已經是由「第三時期」轉變到「人民陣線」時期了。在執行「第三時期」路線時成立的「左聯」這時就應該解散，另組統一戰線性質的「文藝家協會」了。

　　領導「左聯」的共產黨幹部周揚他們，執行這個政策，提出了「國防文學」的口號。可是魯迅卻不贊成這個口號，認為它階級界線模糊。他說，「國防文學」這個口號，我們可以用，敵人也可以用。於是另外提了一個新口號——「民族革命戰爭的大眾文學」，要胡風寫在《人民大眾向文學要求甚麼？》一文裡，立刻引起贊成「民族革命戰爭的大眾文學」口號的人和贊成「國防文學」口號的人進行激烈的爭論。

　　魯迅也不贊成解散「左聯」而另組統一戰線性質的「文藝家協會」。他 1936 年 5 月 2 日給徐懋庸的信說：「集團要解散，我是聽到了的，此後即無下文，亦無通知，似乎守着秘密。這也有必要。但這是同人所決定，還是別人參加了意見呢？倘是前者，是解散，若是後者，那是潰散。這並不很小的關係，我確是一無所聞。」魯迅以為解散而不發表宣言，就是「潰散」，也就是投降。他當然不贊成。

◎ 徐懋庸

九七　魯迅不了解新政策

　　徐懋庸（1910—1977），浙江上虞人。徐懋庸又是一個魯迅很看好的雜文作家。1935 年 3 月 31 日，魯迅為他的雜文集《打雜集》作序。序言具體說到，徐懋庸的雜文作品，「和現在切貼，而且生動，潑剌，有益，而且也能移人情」。

　　可是到了 1936 年「左聯」要解散的時候，他們兩個人的良好關係也就到頭了。先是 1928 年共產國際第六次代表大會提出了「第三時期」的理論，認為新的革命高潮就要到來。中國的李立三不遺餘力地執行共產國際的這些指示，一項措施是成立中國左翼作家聯盟。1935 年 7、8 月的共產國際第七次代表大會放棄了「第三時期」理論，提出了「人民陣線」的理論，要求和各國資產階級政府合作反對法西斯，因此「左聯」就得解散。周揚也根據新精神提出「國防文學」口號。而魯迅當時對於共產國際政策路線這個大轉變確實不了解，所以另提「民族革命戰爭的大眾文學」口號與「國防文學」口號相對立，而且對於「左聯」的解散，也一直耿耿於懷，並且拒不參加新成立的「文藝家協會」。徐懋庸為了調解魯迅和周揚等人的分歧，於 8 月 1 日寫信給魯迅，指出魯迅「對於現在的基本的政策沒有了解」，希望魯迅贊同執行新政策的周揚他們的行動。使魯迅十分憤怒的是，信中還對魯迅和魯迅看好的朋友做了不少指摘。魯迅在馮雪峰代擬的初稿上，花了四天時間做了大量的修改和增補，寫成《答徐懋庸並關於抗日統一戰線問題》這篇萬言長文，發表在《作家》月刊 8 月號上。

最後時刻

◎ 魯迅和青年木刻家，順時針方向：
魯迅、黃新波、曹白、陳煙橋、白危（吳渤）（沙飛攝）

九八　魯迅最後一次公開露面

1936 年 10 月 8 日，魯迅扶病前往上海八仙橋青年會參觀第二回全國木刻流動展覽會，同青年木刻家談話。這是他最後一次在公共場合露面。

陳煙橋回憶說：

是十月八日那一天，也是第二回全國木刻流動展覽會的最後一天，先生終於扶病前來參觀了。他的來，不論對我們說是意料之內也好，還是意料之外也好，總是使人感到驚奇和突然，以致使會場內有一陣兒肅然無聲，大家都感動地凝視着他；然後一個挨一個的很快地傳開了：「魯迅先生來了呀！」我那時正在聚精會神地為一個畫報選稿，一聽到這個消息時，便立刻轉過頭去。真的，一位把呢帽戴得這麼低，臉龐又這麼瘦削蒼白的老人朝着我所在的方向健步而來，我於是迅速地迎接上去。「先生你真來了！」「是的，我知道今天是展覽會的最後一天……」他回答得如此懇切有力和和藹可親。

「我們一起看看畫吧。」他一邊說話一邊把臉龐朝向牆壁上的作品，一幅幅一幅幅地在欣賞，我跟隨着他。對於他臨時所提出的問題正要忙解答的時候，四周已響起了一片笑聲和問候聲了。他看見這個情況，已經無法把畫看下去了，只好提議找個地方歇歇，讓大家一起談得痛快些。

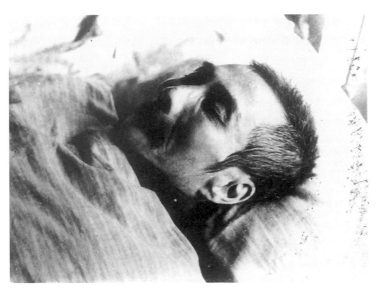

◎ 魯迅遺容（沙飛攝）

九九 「我也一個都不寬恕」

1936 年 10 月 19 日魯迅與世長辭。他在臨終之際沒有留下甚麼遺言。但是他 1936 年 9 月 5 日寫的一篇散文《死》中有些內容是可以看作他的遺囑的：

一、不得因為喪事，收受任何人的一文錢。——但老朋友的，不在此例。

二、趕快收殮，埋掉，拉倒。

三、不要做任何關於紀念的事情。

四、忘記我，管自己生活。——倘不，那就真是胡塗蟲。

五、孩子長大，倘無才能，可尋點小事情過活，萬不可去做空頭文學家或美術家。

六、別人應許給你的事物，不可當真。

七、損着別人的牙眼，卻反對報復，主張寬容的人，萬勿和他接近。

此外自然還有，現在忘記了。只還記得在發熱時，又曾想到歐洲人臨死時，往往有一種儀式，是請別人寬恕，自己也寬恕了別人。我的怨敵可謂多矣，倘有新式的人問起我來，怎麼回答呢？我想了一想，決定的是：讓他們怨恨去，我也一個都不寬恕。

◎ 魯迅靈堂

一〇〇 「民族魂」

　　魯迅逝世後，停靈於上海萬國殯儀館。連續三天裡，前來靈堂瞻仰遺容的從早到晚絡繹不絕，不但有上海的各界人士，還有四十多個外省團體的代表。23 日下午安葬於上海萬安公墓，自發送葬的共有七八千人。靈上覆蓋一面白底黑字的大旗，上面是沈鈞儒寫的三個大字：「民族魂」。

　　1956 年魯迅逝世二十周年的時候，魯迅的靈柩移葬上海虹口公園（今魯迅公園）新墓。

責任編輯	正　圓
書籍設計	彭若東
責任校對	江蓉甬
排　　版	周　榮
印　　務	馮政光

書　　名	魯迅百圖
作　　者	朱　正
出　　版	香港中和出版有限公司 Hong Kong Open Page Publishing Co., Ltd. 香港北角英皇道499號北角工業大廈18樓 http://www.hkopenpage.com http://www.facebook.com/hkopenpage http://weibo.com/hkopenpage
香港發行	香港聯合書刊物流有限公司 香港新界大埔汀麗路36號3字樓
印　　刷	美雅印刷製本有限公司 香港九龍官塘榮業街6號海濱工業大廈4字樓
版　　次	2019年3月香港第1版第1次印刷
規　　格	32開（130mm × 190mm）232面
國際書號	ISBN 978-988-8570-21-8 © 2019 Hong Kong Open Page Publishing Co., Ltd. Published in Hong Kong

本書由湖南美術出版社有限責任公司授權本公司在港澳台地區出版發行。